ようこそ台湾へ
歡迎來台灣

台北101
高さ508m、地上101階、地下5階に及ぶ台北のランドマークタワー。展望台、オフィスビル、ショッピングモールなど複合的な役割を果たしています。

台湾新幹線
台北と南部の都市、高雄（カオシュン）を結ぶ台湾高速鉄道。台湾の新幹線。

毎年元旦には、花火も打ち上げられます。

ランタンフェスティバル
台湾の旧正月を祝うイベント。1990年から毎年開催。

台湾の地図
台灣地圖

- **首 都** 台北
- **時 差** 日本との時差は−1時間。日本の正午12：00が台湾の午前11：00。※サマータイムはありません。
- **ビ ザ** 90日以内の観光目的の滞在の場合、ビザは不要。
- **面 積** 約3万6000㎢（九州の約6/7）
- **人 口** 23,496,068人（2016年1月現在）

高雄

台北

嘉義

基隆

南投

屏東

ほうこけん
澎湖県

台湾の観光地
旅遊勝地

中正記念堂

故宮博物院

総統府

国立台湾歴史博物館

行天宮

紅毛城

蘇澳冷泉

龍山寺

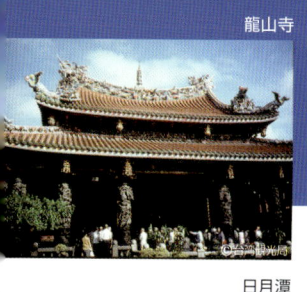

玉山

日月潭

猫空

太魯閣峽谷

淡水

九份

夜市
夜市

夕方から夜にかけて、たくさんの人が訪れます。

台湾への旅行で必ず訪れるのが夜市。
夜市では、食事からショッピングまで楽しめます。

屋台には台湾の名物料理がたくさん。

スイーツもたくさんあります。

服も売っています。

雑貨やおみやげも買えます。

台湾の料理
台灣料理

牛肉麵

臭豆腐

牡蠣のオムレツ

台湾ソーセージ

小籠包

台湾のデザート・ドリンク
甜點・飲料

パイナップルケーキ

豆腐プリン

タピオカミルクティー

ライスケーキ

マンゴーアイス

太陽餅

仙草ゼリー

フルーツもたくさんあります。

10フレーズで
楽しい台湾旅行を

　本書は10の基本フレーズからとりかかり、旅行の場面場面に対応した会話文を、各項目の「基本フレーズ」と「言い換え単語」で作れるように工夫されています。すぐに使える定番表現や単語も多数、収録しました。

　また、すべてのフレーズ、単語に発音記号（ピンイン）、カタカナ読みが添えてありますので、初心者でも安心です。本書をガイドに、まずは声に出してコミュニケーションを取ってみましょう。

　本書は初心者の方にも手に取って頂きやすいよう、タイトルに台湾語と記載がありますが、内容は台湾華語となっています。台湾華語と台湾語は異なる言葉で、台湾華語と台湾語ではほとんど会話が成り立ちません。

　台湾で最も一般的な言語は台湾華語です。台湾の学校の国語は台湾華語で、他の授業も台湾華語で授業が進められます。台湾華語は中国本土の共通語の北京語と非常に近い言語です。

　台湾華語と北京語の大きな違いは台湾華語が繁体字（例：華）で、北京語が簡体字（例：华）で表記される点です。また、通常台湾華語の発音表記はボーポーモーフォー（ㄅㄆㄇㄈ）を利用しますが、本書では北京語で利用される、ピンインで発音を記載しています。

　台湾には、魅力的な観光スポットがたくさんあります。夜市では、台湾独自のさまざまな料理を堪能できます。台湾のランドマーク「台北101」からの景色は壮大です。

　皆さんの旅が台湾との素敵な出会いとなり、楽しい経験になりますように、心から願っています。

　　　　　　　　　　　　　　　　　　　　　　　　　　著者

CONTENTS

はじめに……………………………………………………………………1
本書の使い方………………………………………………………………4
台湾華語の基礎知識………………………………………………………5

出発24時間前編 …………………………………………………… 7

基本の10フレーズ…………………………………………………………8
15の常用フレーズ…………………………………………………………18
定番応答フレーズ8…………………………………………………………19
知っておくと　　　（数字／序数詞／値段／疑問詞／時刻／時の表現／………20
　便利な表現　　　時間にまつわる表現／位置／日付／暦の月／曜日）

場面別会話編

● 機内・空港 ……………………………………………………… 33

機内で　　　　　（場所を聞く／乗務員に用事を頼む／機内食を頼む／………34
　　　　　　　　飲み物を頼む）
到着空港で　　　（入国審査／荷物の受け取り／紛失手荷物の窓口で／………39
　　　　　　　　税関審査／通貨を両替する）
空港から市内へ　（交通機関の場所を聞く／タクシーの運転手に頼む）………46

● 宿泊 ……………………………………………………………… 49

問い合わせ　　　（客室のタイプ／料金を聞く／施設の有無を聞く）…………50
フロントで　　　（希望を伝える／館内施設の場所を聞く）……………………54
部屋で　　　　　（使いたいと伝える／ほしいと伝える）………………………57
朝食　　　　　　（朝食を注文する）………………………………………………59
トラブル　　　　（故障している）…………………………………………………63

● 飲食 65
- 店を探す　　　　（店を探す）......66
- 夜市・　　　　　（メニューを頼む／飲み物を注文する／料理を注文する 68
  レストランで　　／料理の感想を言う）

● 買い物 79
- 店を探す　　　　（店を探す／売り場を探す）......80
- 洋服・雑貨など　（お土産を買う／服を買う／生地について尋ねる／ 82
  の専門店で　　　色について尋ねる／サイズについて尋ねる／かばん・靴を買う／
  　　　　　　　　雑貨を買う／ギフト雑貨を買う／アクセサリーを買う／
  　　　　　　　　化粧品を買う／文房具を買う／日用品を買う／ラッピングを頼む）

● 観光 99
- 観光案内所で　　（観光名所への行き方を尋ねる／都市への行き方を尋ねる／ 100
  　　　　　　　　目的の場所がどこか尋ねる／希望を伝える）
- 乗り物を利用する（乗り物のチケットを買う／タクシーに乗る）......104
- 観光スポットで　（チケットを買う／許可を得る／写真を撮る）......107
- 野球観戦 111

● トラブル 113
- トラブルに直面！（とっさの一言／助けを呼ぶ／盗難に遭った／紛失したとき 114
  　　　　　　　　／連絡を頼む）
- 病院で　　　　　（発症時期を伝える／症状を伝える／薬を買う／ 122
  　　　　　　　　薬の飲み方の説明）

単語編 すぐに使える旅単語集500 127

カンタン便利な台湾華語フレーズ 152

さくいん 153

本書の使い方

本書は、「出発24時間前編」「場面別会話編」「すぐに使える旅単語集」の3部構成になっています。

1) 出発24時間前編

本編を始める前に、「基本の10フレーズ」を紹介します。各フレーズについて複数の例文（6～8文）を載せています。この例文は、「日本語→台湾華語」の順でCD-1に収録されていますので、音声に続いて繰り返し練習してみましょう。出発24時間前でも間に合いますが、余裕のある人は3日～1週間前から練習すると効果的でしょう。

CD-1はほかに、「15の常用フレーズ」、「定番応答フレーズ8」、「知っておくと便利な表現」も収録されています。

2) 場面別会話編「基本フレーズ＋単語」

海外旅行のシチュエーションを「機内・空港」「宿泊」「飲食」「買い物」「観光」「トラブル」の6つに分け、各シチュエーションの基本単語を精選して収録しました。どの単語も基本フレーズと組み合わせて使えるようになっています。

> CD-1とCD-2の前半には出発24時間前編と場面別会話編の「フレーズ」「言い換え単語」「定番フレーズ」が「日本語→台湾華語」の順に収録されています。

3) 巻末付録単語集「すぐに使える旅単語集500」

旅行でよく使う単語を巻末にまとめました。単語は旅行のシチュエーションごとに分かれているので、旅先で知りたい単語を引くのに便利です。

> CD-2の後半には巻末付録単語集が「日本語→台湾華語→台湾華語」の順に収録してあります。※台湾華語は2回流れます

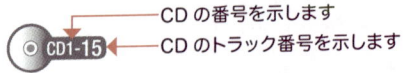

CDの番号を示します
CDのトラック番号を示します

● 発音・記号について

フレーズ、単語にはカタカナの発音ガイドが付いています。

台湾華語の基礎知識

四声―4つの声調について

台湾華語の発音は声調（イントネーション）がとても大事です、4つの声調がずれると意味が変わってしまう場合があります。簡単に声調について説明します。

1声

ちょっと高めなで平らな発音、音が上下はしない。

コーヒー
咖 啡
kā fēi
［カー フェイ］

2声

低いとこから思い切って上がる、日本語の疑問文「～ですか」の「か」の時の声調。

紅茶
紅 茶
hóng chá
［ホーン チャア］

3声

　低い部分の発音を強調、最後はちょっとだけ上がる。2声と区別するために、初心者はずっと低いままの発音、上がらないほうが通じやすいです。

腕時計
手 錶
shǒu biǎo
［ショウ ビヤオ］

4声

上から一気に下がる。2声と逆です。

ホテル
飯 店
fàn diàn
［ファン ディエン］

　声調は初心者にとってちょっと難しいかもしれないですが、よく聞いて真似することが大切です。

出発24時間前編

基本の
10フレーズ

基本知識と定番表現を
まとめてチェック!

基本の10フレーズ

～をください。
我要～
wǒ yào
[ウォ ヤオ]

夜市で料理や飲み物を注文したり、ショッピングの場面で店員さんに買いたいものを伝えたりと、さまざまな場面で使える便利なフレーズです。欲しいものの単語の前に、我要を付けるだけです。

言ってみましょう

タピオカミルクティーをください。

我要一杯珍珠奶茶。
wǒ yào yì bēi zhēn zhū nǎi chá
[ウォ ヤオ イー ベイ ジェン ジュウ ナイ チャア]

チキンカツをください。

我要一份雞排。
wǒ yào yí fèn jī pái
[ウォ ヤオ イー フェン ジー パイ]

お会計をお願いします。

我要結帳。
wǒ yào jié zhàng
[ウォ ヤオ ジエ ジャーン]

チェックアウトをお願いします。

我要退房。
wǒ yào tuì fáng
[ウォ ヤオ トゥイ ファーン]

大人一枚ください。

我要一張全票。
wǒ yào yì zhāng quán piào
[ウォ ヤオ イー ジャーンチュエン ピヤオ]

～がほしいのですが。
可以給我～嗎？
kě yǐ gěi wǒ　　　ma?
［コーァ イー ゲイ ウォ　　マー？］

自分が欲しいものを相手にやんわり伝える表現です。可以給我～嗎の～に、欲しいものを付けます。

言ってみましょう

水がほしいのですが。
可以給我水嗎？
kě yǐ gěi wǒ shuǐ ma?
［コーァ イー ゲイ ウォ シュウイ マー？］

スプーンがほしいのですが。
可以給我湯匙嗎？
kě yǐ gěi wǒ tāng chí ma?
［コーァ イー ゲイ ウォ ターン ツー マー？］

メニューがほしいのですが。
可以給我菜單嗎？
kě yǐ gěi wǒ cài dān ma?
［コーァ イー ゲイ ウォ ツァイ ダン マー？］

領収書がほしいのですが。
可以給我收據嗎？
kě yǐ gěi wǒ shōu jù ma?
［コーァ イー ゲイ ウォ ショウ ジュイ マー？］

新しいタオルがほしいのですが。
可以給我新的毛巾嗎？
kě yǐ gěi wǒ xīn de máo jīn ma?
［コーァ イー ゲイ ウォ シン ドーァ マオ ジン マー？］

地下鉄の路線図がほしいのですが。
可以給我捷運路線圖嗎？
kě yǐ gěi wǒ jié yùn lù xiàn tú ma?
［コーァ イー ゲイ ウォ ジエ ユイン ルゥ シエン トゥ マー？］

9

3 ～したいのですが。
我想～
wǒ xiǎng
［ウォ シアーン］

自分がしたいことを相手にやんわり伝えたい時に使う表現です。我想の後に、自分のしたいことを付けます。

 言ってみましょう

予約の取り消しをしたいのですが。 **我想取消訂位。**
wǒ xiǎng qǔ xiāo dìng wèi
［ウォ シアーン チュイ シヤオ ディーン ウエイ］

日本へ電話をかけたいのですが。 **我想打電話回日本。**
wǒ xiǎng dǎ diàn huà huí rì běn
［ウォ シアーン ダー ディエン ホワ ホウイ ゥリー ベン］

チェックインをしたいのですが。 **我想 check in。**
wǒ xiǎng   check   in
［ウォ シアーン   チェック   イン］

インターネットをしたいのですが。 **我想上網。**
wǒ xiǎng shàng wǎng
［ウォ シアーン シャーン ワーン］

円を台湾ドルに両替したいのですが。 **我想換台幣。**
wǒ xiǎng huàn tái bì
［ウォ シアーン ホワン タイ ビー］

写真を撮りたいのですが。 **我想拍照。**
wǒ xiǎng pāi zhào
［ウォ シアーン パイ ジャオ］

～してくださいますか。
可以～嗎？
kě yǐ ma?
[コーァ イー マー?]

相手に何かして欲しい時に使う表現です。可以～嗎の～に、して欲しいことを付け加えます。

言ってみましょう

少し待ってくださいますか。

可以等一下嗎？
kě yǐ děng yí xià ma?
[コーァ イー ドゥオン イー シア マー?]

貴重品を預かってくださいますか。

可以寄放貴重物品嗎？
kě yǐ jì fàng guì zhòng wù pǐn ma?
[コーァ イー ジー ファーン グイ ジョーン ウー ピン マー?]

タクシーを呼んでくださいますか。

可以幫我叫計程車嗎？
kě yǐ bāng wǒ jiào jì chéng chē ma?
[コーァ イー バーン ウォ ジアオ ジー チョンチョーァ マー?]

住所を書いてくださいますか。

可以把住址寫下來嗎？
kě yǐ bǎ zhù zhǐ xiě xià lái ma?
[コーァ イー バー ジュウ ジー シエ シア ライ マー?]

道を教えてくださいますか。

可以告訴我怎麼走嗎？
kě yǐ gào sù wǒ zěn me(mó) zǒu ma?
[コーァ イー ガオ スウ ウォ ゼン モーァ ゾウ マー?]

私の写真を撮ってくださいますか。

可以幫我拍照嗎？
kě yǐ bāng wǒ pāi zhào ma?
[コーァ イー バーン ウォ パイ ジャオ マー?]

11

5 ～が〈この近くに〉ありますか。
請問（附近）有～嗎？
qǐng wèn (fù jìn) yǒu ma?
[チーン ウエン （フゥ ジン） ヨウ マー？]

施設や設備を探している時に使える表現で、附近は「この近くに」を意味します。

言ってみましょう

郵便局がありますか。

請問附近有郵局嗎？
qǐng wèn fù jìn yǒu yóu jú ma?
[チーン ウエン フゥ ジン ヨウ ヨウ ジュイ マー？]

銀行がありますか。

請問附近有銀行嗎？
qǐng wèn fù jìn yǒu yín háng ma?
[チーン ウエン フゥ ジン ヨウ イン ハーン マー？]

MRTの駅がありますか。

請問附近有捷運站嗎？
qǐng wèn fù jìn yǒu jié yùn zhàn ma?
[チーン ウエン フゥ ジン ヨウ ジエ ユイン ジャン マー？]

バス停がありますか。

請問附近有公車站嗎？
qǐng wèn fù jìn yǒu gōng chē zhàn ma?
[チーン ウエン フゥ ジン ヨウ ゴーン チョーァ ジャン マー？]

タクシー乗り場がありますか。

請問附近有計程車招呼站嗎？
qǐng wèn fù jìn yǒu jì chéng chē zhāo hū zhàn ma?
[チーン ウエン フゥ ジン ヨウ ジー チュヨン チョーァ ジャオ ホゥ ジャン マー？]

トイレがありますか。

請問有洗手間嗎？
qǐng wèn yǒu xī shǒu jiān ma?
[チーン ウエン ヨウ シイ ショウ ジエン マー？]

~はありますか。
請問你們有～嗎？
qǐng wèn nǐ mén yǒu ma?
[チーン ウエン ニー メン ヨウ マー?]

お店などで、自分の欲しい物がおいてあるかどうかを聞く時に便利な表現です。

言ってみましょう

ハガキはありますか。

請問你們有明信片嗎？
qǐng wèn nǐ mén yǒu míng xìn piàn ma?
[チーン ウエン ニー メン ヨウ ミーン シン ピエン マー?]

切手はありますか。

請問你們有郵票嗎？
qǐng wèn nǐ mén yǒu yóu piào ma?
[チーン ウエン ニー メン ヨウ ヨウ ピヤオ マー?]

地図はありますか。

請問你們有地圖嗎？
qǐng wèn nǐ mén yǒu dì tú ma?
[チーン ウエン ニー メン ヨウ ヨウ ピヤオ マー?]

マヨネーズはありますか。

請問你們有美乃滋嗎？
qǐng wèn nǐ mén yǒu měi nǎi zī ma?
[チーン ウエン ニー メン ヨウ メイ ナイ ズー マー?]

醤油はありますか。

請問你們有醬油嗎？
qǐng wèn nǐ mén yǒu jiàng yóu ma?
[チーン ウエン ニー メン ヨウ ジアーン ヨウ マー?]

この色のはありますか。

請問你們有這個顏色的嗎？
qǐng wèn nǐ mén yǒu zhè ge yán sè de ma?
[チーン ウエン ニー メン ヨウ ジョーァ ゴーァ イエン ソーァ ドーァ マー?]

これは〜ですか。
請問這是〜嗎？
qǐng wèn zhè shì ma?
[チーン ウエン ジョーァ シー マー?]

目の前のものについて聞く時の表現です。洋服や靴のサイズを確認したり、素材や品質を聞いたりと、使い方はいろいろです。評価を聞く時にも使える表現です。

言ってみましょう

これは一番小さいですか。

請問這是最小的嗎？
qǐng wèn zhè shì zuì xiǎo de ma?
[チーン ウエン ジョーァ シー ズゥイ シヤオ ドーァ マー?]

これはコットンですか。

請問這是純棉的嗎？
qǐng wèn zhè shì chún mián de ma?
[チーン ウエン ジョーァ シー チュン ミエン ドーァ マー?]

これは甘いですか。

請問這是甜的嗎？
qǐng wèn zhè shì tián de ma?
[チーン ウエン ジョーァ シー ティエン ドーァ マー?]

これは無料ですか。

請問這是免費的嗎？
qǐng wèn zhè shì miǎn fèi de ma?
[チーン ウエン ジョーァ シー ミエン フェイ ドーァ マー?]

これは男性用ですか。

請問這是男生用的嗎？
qǐng wèn zhè shì nán shēng yòng de ma?
[チーン ウエン ジョーァ シー ナン シュヨン ヨーン ドーァ マー?]

～してもいいですか。
請問可以～嗎？
qǐng wèn kě yǐ ma?
[チーン ウエン コーァ イー マー？]

相手に許可を求める表現です。請問可以～嗎の～に動詞を続けます。

言ってみましょう

| タバコを吸ってもいいですか。 | **請問可以抽菸嗎？**
qǐng wèn kě yǐ chōu yān ma?
[チーン ウエン コーァ イー チョウ イエン マー？] |

入ってもいいですか。　　**請問可以進去嗎？**
qǐng wèn kě yǐ jìn qù ma?
[チーン ウエン コーァ イー ジン チュイ マー？]

試着してもいいですか。　　**請問可以試穿嗎？**
qǐng wèn kě yǐ shì chuān ma?
[チーン ウエン コーァ イー シー チュワン マー？]

写真を撮ってもいいですか。　　**請問可以拍照嗎？**
qǐng wèn kě yǐ pāi zhào ma?
[チーン ウエン コーァ イー パイ ジャオ マー？]

食べ物を食べてもいいですか。　　**請問可以吃東西嗎？**
qǐng wèn kě yǐ chī dōng xī ma?
[チーン ウエン コーァ イー チー ドーン シイ マー？]

ここに座ってもいいですか。　　**請問可以坐這裡嗎？**
qǐng wèn kě yǐ zuò zhè lǐ ma?
[チーン ウエン コーァ イー ズゥオ ジョーァ リー マー？]

⑨ ～はどこですか。
請問～在哪裡？
qǐng wèn　　zài nǎ lǐ?
[チーン ウエン　　ザイ ナー リー?]

場所を聞くときの簡単表現です。請問～在哪裡の～に、聞きたい施設や建物、売り場などを表す単語を付け加えるだけです。

言ってみましょう

入口はどこですか。

請問入口在哪裡？
qǐng wèn rù kǒu zài nǎ lǐ?
[チーン ウエン ゥルゥ コウ ザイ ナー リー?]

出口はどこですか。

請問出口在哪裡？
qǐng wèn chū kǒu zài nǎ lǐ?
[チーン ウエン チュウ コウ ザイ ナー リー?]

私の座席はどこですか。

請問我的位子在哪裡？
qǐng wèn wǒ de wèi zi zài nǎ lǐ?
[チーン ウエン ウォ ドーア ウエイ ズー ザイ ナー リー?]

トイレはどこですか。

請問洗手間在哪裡？
qǐng wèn xǐ shǒu jiān zài nǎ lǐ?
[チーン ウエン シイ ショウ ジエン ザイ ナー リー?]

新幹線の駅はどこですか。

請問高鐵站在哪裡？
qǐng wèn gāo tiě zhàn zài nǎ lǐ?
[チーン ウエン ガオ ティエ ジャン ザイ ナー リー?]

切符売り場はどこですか。

請問售票口在哪裡？
qǐng wèn shòu piào kǒu zài nǎ lǐ?
[チーン ウエン ショウ ピヤオ コウ ザイ ナー リー?]

何時に～ですか。
請問什麼時候～？
qǐng wèn shén me(mó) shí hòu ?
［チーン ウエン シェン モーァ(モー) シー ホウ ?］

事柄や行動などを何時に行うのか尋ねるときに使う表現です。

言ってみましょう

何時に開きますか。

請問什麼時候開門？
qǐng wèn shén me(mó) shí hòu kāi mén?
［チーン ウエン シェン モーァ(モー) シー ホウ カイ メン?］

何時に着きますか。

請問什麼時候會到？
qǐng wèn shén me(mó) shí hòu huì dào?
［チーン ウエン シェン モーァ(モー) シー ホウ ホゥイ ダオ?］

何時に待ち合わせですか。

請問什麼時候要見面？
qǐng wèn shén me(mó) shí hòu yào jiàn miàn?
［チーン ウエン シェン モーァ(モー) シー ホウ ヤオ ジエン ミエン?］

何時に出発ですか。

請問什麼時候要出發？
qǐng wèn shén me(mó) shí hòu yào chū fā?
［チーン ウエン シェン モーァ(モー) シー ホウ ヤオ チュウ ファー?］

何時に始まりますか。

請問什麼時候開始？
qǐng wèn shén me(mó) shí hòu kāi shǐ?
［チーン ウエン シェン モーァ(モー) シー ホウ カイ シー?］

何時に終わりますか。

請問什麼時候結束？
qǐng wèn shén me(mó) shí hòu jié shù?
［チーン ウエン シェン モーァ(モー) シー ホウ ジエ シュウ?］

15の 常用フレーズ

基本の10フレーズのほかに覚えておきたい、挨拶や便利な一言です。このまま覚えて実際に使ってみましょう。

1	こんにちは。	你好。 nǐ hǎo ［ニー ハオ］
2	おやすみなさい。	晚安。 wǎn ān ［ワン アン］
3	さようなら。	再見 / 掰掰。 zài jiàn / bāi bāi ［ザイ ジエン／バイ バイ］
4	ありがとうございます。	謝謝。 xiè xiè ［シエ シエ］
5	ごめんなさい／すみません／申し訳ございません	不好意思 / 對不起 / 抱歉。 bù hǎo yì sī / duì bù qǐ / bào qiàn ［ブゥ ハオ イースー／ドゥイ ブゥ チイ／バオ チエン］
6	何とおっしゃいましたか。	你說什麼? nǐ shuō shén me(mó)? ［ニー シュオ シェン モーァ（モー）？］
7	わかりません。	我不知道。 wǒ bù zhī dào ［ウォ ブゥ ジー ダオ］
8	もう一度言ってもらえますか。	可以再說一次嗎? kě yǐ zài shuō yí cì ma? ［コーァ イー ザイ シュオ イー ツー マー？］
9	ゆっくり話してもらえますか。	請說慢一點。 qǐng shuō màn yì diǎn ［チーン シュオ マン イー ディエン］
10	お願いします。	麻煩你了。 má fán nǐ le ［マー ファン ニー ローァ］
11	ちょっと待ってください。	請等一下。 qǐng děng yí xià ［チーン ドゥオン イー シア］

12	いくらですか。	**多少錢?** dūo shǎo qián? [ドゥオ シャオ チエン?]
13	いくらになりますか。	**大概要多少錢?** dà gài yào dūo shǎo qián? [ダーガイ ヤオ ドゥオ シャオ チエン?]
14	書いてくださいますか。	**可以幫我寫下來嗎?** kě yǐ bāng wǒ xiě xià lái ma [コーア イー バーン ウォ シエ シア ライ マー]
15	ここですか。	**是這裡嗎?** shì zhè lǐ ma [シー ジョーア リー マー]

定番応答フレーズ 8　　CD1-15

返事や応答でよく使う基本的なフレーズです。

1	はい。	**對啊。** dùi ā [ドゥイ アー]
2	いいえ。	**不是。** bú shì [ブゥ シー]
3	いいえ、(〜です)。	**沒有。** méi yǒu [メイ ヨウ]
4	大丈夫です。	**沒問題。** méi wèn tí [メイ ウエン ティー]
5	はい、お願いします。 いいですよ。	**好,謝謝。** hǎo xiè xiè [ハオ シエ シエ]
6	いいえ、結構です。	**不用了,謝謝。** bú yòng le xiè xie [ブゥ ヨーン ローァ シエ シエ]
7	はい、その通りです。	**對,就是這樣。** dùi jìu shì zhè yàng [ドゥイ ジウ シー ジョーァ ヤーン]
8	どういたしまして。	**不客氣 / 不會。** búkè qì / bú hùi [ブゥ コーァ チイ/ブゥ ホゥイ]

知っておくと便利な表現

1 数字

数字は、買い物で値段を聞いたり、また、乗り物の時刻を確認したりなど、旅行で出番の多いものです。

0	零 líng [リーン]		11	十一 shí yī [シー イー]
1	一 yī [イー]		12	十二 shí èr [シー オーァ]
2	二 èr [オーァ]		13	十三 shí sān [シー サン]
3	三 sān [サン]		14	十四 shí sì [シー スー]
4	四 sì [スー]		15	十五 shí wǔ [シー ウー]
5	五 wǔ [ウー]		16	十六 shí liù [シー リウ]
6	六 liù [リウ]		17	十七 shí qī [シー チイ]
7	七 qī [チイ]		18	十八 shí bā [シー バー]
8	八 bā [バー]		19	十九 shí jiǔ [シー ジウ]
9	九 jiǔ [ジウ]		20	二十 èr shí [オーァ シー]
10	十 shí [シー]			

知っておくと便利な表現

22	二十二 èr shí èr [オーァ シー オーァ]	20万	二十萬 èr shí wàn [オーァ シー ワン]
32	三十二 sān shí èr [サン シー オーァ]	100万	一百萬 yì bǎi wàn [イー バイ ワン]
92	九十二 jiǔ shí èr [ジウ シー オーァ]	200万	兩百萬（二百万） liǎng bǎi wàn [リヤーン バイ ワン]
100	一百 yì bǎi [イー バイ]	1000万	一千萬 yì qiān wàn [イー チエン ワン]
102	一百零二 yì bǎi líng èr [イー バイ リーン オーァ]	2000万	兩千萬（二千万） liǎng qiān wàn [リヤーン チエン ワン]
200	兩百（二百） liǎng bǎi [リヤーン バイ]		
220	兩百二十（二百二十） liǎng bǎi èr shí [リヤーン バイ オーァ シー]		
1000	一千 yì qiān [イー チエン]		
2000	兩千（二千） liǎng qiān [リヤーン チエン]		
2200	兩千兩百（二千二百） liǎng qiān liǎng bǎi [リヤーン チエン リヤーン バイ]		
1万	一萬 yí wàn [イー ワン]		
2万	兩萬（二万） liǎng wàn [リヤーン ワン]		
10万	十萬 shí wàn [シー ワン]		

2 序数詞

建物の階数を言ったり、座席の列数を言ったりする時に「〜番目の」を表す序数詞を使います。

1番目の(最初の)
第一個
dì yī ge [ディー イー ゴーァ]

2番目の 第二個
dì èr ge [ディー オーァ ゴーァ]

3番目の 第三個
dì sān ge [ディー サン ゴーァ]

4番目の 第四個
dì sì ge [ディー スー ゴーァ]

5番目の 第五個
dì wǔ ge [ディー ウー ゴーァ]

6番目の 第六個
dì liù ge [ディー リウ ゴーァ]

7番目の 第七個
dì qī ge [ディー チイ ゴーァ]

8番目の 第八個
dì bā ge [ディー バー ゴーァ]

9番目の 第九個
dì jiǔ ge [ディー ジウ ゴーァ]

10番目の 第十個
dì shí ge [ディー シー ゴーァ]

11番目の 第十一個
dì shí yī ge [ディー シー イー ゴーァ]

12番目の 第十二個
dì shí èr ge [ディー シー オーァ ゴーァ]

20番目の 第二十個
dì èr shí ge [ディー オーァ シー ゴーァ]

知っておくと便利な表現

3 単位

一元（台湾ドルの単位）	一塊 yí kuài［イー クワイ］
一つ	一個 yì ge［イー ゴーァ］
一杯	一杯 yì bēi［イー ベイ］
一枚（服の単位）	一件 yí jiàn［イー ジエン］
ペア（靴、靴下、箸の単位）	一雙 yì shuāng［イー シュワーン］
一人前	一份 yí fèn［イー フェン］

4 疑問詞

なにか	什麼 shén me(mó)［シェン モーァ（モー）］	いつか	什麼時候 shén me(mó) shí hòu［シェン モーァ（モー）シー ホウ］
どうか	怎麼 zěn me(mó)［ゼン モーァ（モー）］	いくつ	幾 Jǐ［ジー］
だれか	誰 Shéi［シェイ］	どのくらい	多少 duō shǎo［ドゥオ シャオ］
どうして	為什麼 wéi shén me［ウエイ シェン モーァ］	どれくらい	多久 duō jiǔ［ドゥオ ジウ］
どこか	哪裡 nǎ lǐ［ナー リー］		

5 時刻

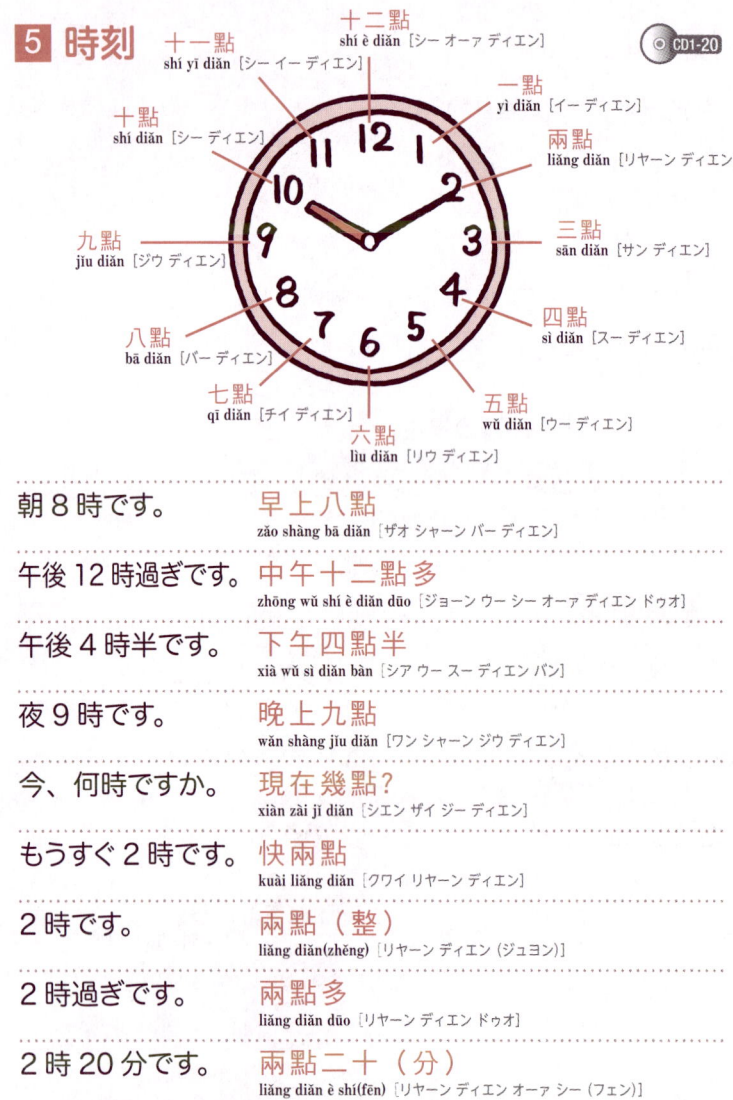

十二點 shí è diǎn [シー オーァ ディエン]
十一點 shí yī diǎn [シー イー ディエン]
一點 yì diǎn [イー ディエン]
十點 shí diǎn [シー ディエン]
兩點 liǎng diǎn [リヤーン ディエン]
九點 jiǔ diǎn [ジウ ディエン]
三點 sān diǎn [サン ディエン]
八點 bā diǎn [バー ディエン]
四點 sì diǎn [スー ディエン]
七點 qī diǎn [チイ ディエン]
五點 wǔ diǎn [ウー ディエン]
六點 liù diǎn [リウ ディエン]

朝8時です。	早上八點 zǎo shàng bā diǎn [ザオ シャーン バー ディエン]
午後12時過ぎです。	中午十二點多 zhōng wǔ shí è diǎn duō [ジョーン ウー シー オーァ ディエン ドゥオ]
午後4時半です。	下午四點半 xià wǔ sì diǎn bàn [シア ウー スー ディエン バン]
夜9時です。	晚上九點 wǎn shàng jiǔ diǎn [ワン シャーン ジウ ディエン]
今、何時ですか。	現在幾點？ xiàn zài jǐ diǎn [シエン ザイ ジー ディエン]
もうすぐ2時です。	快兩點 kuài liǎng diǎn [クワイ リヤーン ディエン]
2時です。	兩點（整） liǎng diǎn(zhěng) [リヤーン ディエン（ジュヨン）]
2時過ぎです。	兩點多 liǎng diǎn duō [リヤーン ディエン ドゥオ]
2時20分です。	兩點二十（分） liǎng diǎn è shí(fēn) [リヤーン ディエン オーァ シー（フェン）]

知っておくと便利な表現

〜前。〜後の言い方です。

(〜時) ちょうどです。	剛好〜點	gāng hǎo diǎn [ガーン ハオ ディエン]
(〜時) 5分です。	〜點五分	diǎn wǔ fēn [ディエン ウー フェン]
(〜時) 10分です。	〜點十分	diǎn shí fēn [ディエン シー フェン]
(〜時) 15分です。	〜點十五分	diǎn shí wǔ fēn [ディエン シー ウー フェン]
(〜時) 20分です。	〜點二十分	diǎn è shí fēn [ディエン オーァ シー フェン]
(〜時) 25分です。	〜點二十五分	diǎn è shí wǔ fēn [ディエン オーァ シー ウー フェン]
(〜時) 半です。	〜點半	diǎn bàn [ディエン バン]
(〜時) 25分前です。	差二十五分〜點	chā è shí wǔ fēn diǎn [チャア オーァ シー ウー フェン ディエン]
(〜時) 20分前です。	差二十分〜點	chā è shí fēn diǎn [チャア オーァ シー フェン ディエン]
(〜時) 15分前です。	差十五分〜點	chā shí wǔ fēn diǎn [チャア シー ウー フェン ディエン]
(〜時) 10分前です。	差十分〜	chā shí fēn diǎn [チャア シー フェン ディエン]
(〜時) 5分前です。	差五分〜點	chā wǔ fēn diǎn [チャア ウー フェン ディエン]

6 時の表現

1) 朝・昼・夜

朝(午前)	早上（上午） zǎo shàng (shàng wǔ) ［ザオ シャーン（シャーン ウー）］
昼	中午 zhōng wǔ ［ジョーン ウー］
午後	下午 xià wǔ ［シア ウー］
夕方(晩)	傍晚（晚上） bàng wǎn (wǎn shàng) ［バーン ワン（ワン シャーン）］
夜	晚上（夜裡） wǎn shàng (yè lǐ) ［ワン シャーン（イエ リー）］

2) 季節

春	春天 chūn tiān ［チュン ティエン］
夏	夏天 xià tiān ［シア ティエン］
秋	秋天 qiū tiān ［チウ ティエン］
冬	冬天 dōng tiān ［ドーン ティエン］
春夏秋冬	春夏秋冬 chūn xià qiū dōng ［チュン シア チウ ドーン］

 台湾の気候

　台湾は北部が亜熱帯、南部が熱帯に属しています。
　そのため、1年を通して温暖な気候で、夏は蒸し暑く、デパートや鉄道などの交通機関は冷房がとても強くなっています。冬は日本に比べて暖かいです。北部や高地は雨が多く、意外に冷えることもあるので調整しやすい服装をおすすめします。

知っておくと便利な表現

7 時間にまつわる表現 　CD1-22

1分間	一分鐘 yì fēn zhōng ［イー フェン ジョーン］
30分	半個小時（三十分鐘） bàn ge xiǎo shí(sān shí fēn zhōng) ［バン ゴーァ シヤオ シー（サン シー フェン ジョーン）］
1時間	一個小時 yí ge xiǎo shí ［イー ゴーァ シヤオ シー］
1時間半	一個半小時 yí ge bàn xiǎo shí ［イー ゴーァ バン シヤオ シー］
1日	一天 yì tiān ［イー ティエン］
1週間	一個禮拜（一個星期） yí ge lǐ bài(yì ge xīng qi) ［イー ゴーァ リー バイ（イー ゴーァ シーン チイ）］
1ヶ月	一個月 yì ge yuè ［イー ゴーァ ユエ］
1年	一年 yì nián ［イー ニエン］
5分前	五分鐘前 wǔ fēn zhōng qián ［ウー フェン ジョーン チエン］
2時間後	兩個小時後 liǎng ge xiǎo shí hòu ［リヤーン ゴーァ シヤオ シー ホウ］

8 位置

前	前面 qián miàn [チエン ミエン]
後ろ	後面 hòu miàn [ホウ ミエン]
右	右邊 yòu biān [ヨウ ビエン]
左	左邊 zuǒ biān [ズゥオ ビエン]
上	上面 shàng miàn [シャーン ミエン]
下	下面 xià miàn [シア ミエン]
中	裡面 lǐ miàn [リー ミエン]
外	外面 wài miàn [ワイ ミエン]
向こう	對面 duì miàn [ドゥイ ミエン]

知っておくと便利な表現

9 日付

1月1日	一月一號（日） yī yuè yī hào(rì) ［イー ユエ イー ハオ (ゥリー)］
2月2日	二月二號（日） èr yuè èr hào(rì) ［オーァ ユエ オーァ ハオ (ゥリー)］
2016年12月22日	二零一六年十二月二十二號（日） èr líng yī liù nián shí èr yuè èr shí èr hào(rì) ［オーァ リーン イー リウ ニエン シー オーァ ユエ オーァ シー オーァ ハオ (ゥリー)］

10 暦の月

1月	一月 yī yuè [イー ユエ]	7月	七月 qī yuè [チイ ユエ]
2月	二月 èr yuè [オーァ ユエ]	8月	八月 bā yuè [バー ユエ]
3月	三月 sān yuè [サン ユエ]	9月	九月 jiǔ yuè [ジウ ユエ]
4月	四月 sì yuè [スー ユエ]	10月	十月 shí yuè [シー ユエ]
5月	五月 wǔ yuè [ウー ユエ]	11月	十一月 shí yī yuè [シーイー ユエ]
6月	六月 liù yuè [リウ ユエ]	12月	十二月 shí è yuè [シー オーァ ユエ]

ひとくちメモ 台湾の暦

台湾では複数の暦が利用されています。

- **西暦**

日本人に一番馴染みがある暦です。もちろん台湾でも一般的に利用されています。

- **国暦（民国）**

食品の賞味期限などに表記されています。

中華民国（台湾）が設立したのは西暦 1911 年です。

日本の昭和・平成に該当する年号をイメージすると分かりやすいですが、民国は年号でないため、昭和から平成のように変わる事はありません。その為、2016 年は民国 105 年です。（2016 年 -1911 年 =105 年）

- **農暦（旧暦）**：1 年の重要な行事・祝日（春節など）に利用されます。

知っておくと便利な表現

11 曜日

月曜日 禮拜一（星期一）
lǐ bài yī(xīng qī yī)
[リー バイ イー（シーン チイ イー）]

火曜日 禮拜二（星期二）
lǐ bài èr(xīng qī èr)
[リー バイ オーァ（シーン チイ オーァ）]

水曜日 禮拜三（星期三）
lǐ bài sān(xīng qī sān)
[リー バイ サン（シーン チイ サン）]

木曜日 禮拜四（星期四）
lǐ bài sì(xīng qī sì)
[リー バイ スー（シーン チイ スー）]

金曜日 禮拜五（星期五）
lǐ bài wǔ(xīng qī wǔ)
[リー バイ ウー（シーン チイ ウー）]

土曜日 禮拜六（星期六）
lǐ bài lìu(xīng qī lìu)
[リー バイ リウ（シーン チイ リウ）]

日曜日 禮拜日（星期日）
lǐ bài rì(xīng qī rì)
[リー バイ ゥリー（シーン チイ ゥリー）]

12 その他の時の表現

日本語	中国語	ピンイン
今	現在	xiàn zài［シエン ザイ］
今日	今天	jīn tiān［ジン ティエン］
昨日	昨天	zúo tiān［ズゥオ ティエン］
明日	明天	míng tiān［ミーン ティエン］
今週	這個禮拜（這個星期）	zhè ge lǐ bài(zhè ge xīng qí)［ジョーァ ゴーァ リー バイ（ジョーァ ゴーァ シーン チイ）］
先週	上個禮拜（上個星期）	shàng ge lǐ bài(shàng ge xīng qí)［シャーン ゴーァ リー バイ（シャーン ゴーァ シーン チイ）］
来週	下個禮拜（下個星期）	xià ge lǐ bài(xià ge xīng qí)［シア ゴーァ リー バイ（シア ゴーァ シーン チイ）］
今月	這個月	zhè ge yuè［ジョーァ ゴーァ ユエ］
今年	今年	jīn nián［ジン ニエン］
去年	去年	qù nián［チュイ ニエン］
来年	明年	míng nián［ミーン ニエン］

場面別会話編

機内・空港

台湾の旅の始まりは機内でのコミュニケーションから。飲み物の注文や乗務員へのお願い事など、台湾華語でしてみましょう。気分は早くも台湾の地に飛んで行きますね。

✈ 》機内で

場所を聞く

この席はどこですか。
① 請問這個位子在哪裡？
qǐng wèn zhè ge wèi zǐ zài nǎ lǐ?
[チーン ウエン ジョーァ ゴーァ ウエイ ズー ザイ ナー リー？]

言い換え

トイレ	洗手間 xǐ shǒu jiān [シイ ショウ ジエン]
非常口	安全門 ān quán mén [アン チュエン メン]
出口	出口 chū kǒu [チュウ コウ]

乗務員に用事を頼む

毛布をいただけますか。
② 可以給我毛毯嗎？
kě yǐ gěi wǒ máo tǎn ma?
[コーァ イー ゲイ ウォ マオ タン マー？]

言い換え

日本の新聞	日文報紙 rì wén bào zhǐ [ゥリー ウエン パオ ジー]
イヤホン	耳機 ě jī [オーァ ジー]
税関申告書	海關申報單 hǎi guān shēn bào dān [ハイ グワン シェン パオ ダン]

機内で

機内食を頼む

3 魚をお願いします。
我要魚肉。
wǒ yào yú ròu
[ウォ ヤオ ユイ ゥロウ]

牛肉	**牛肉** niú ròu [ニウ ゥロウ]
鶏肉	**雞肉** jī ròu [ジー ゥロウ]
豚肉	**豬肉** zhū ròu [ジュウ ゥロウ]
和食	**日式餐點** rì shì cān diǎn [ゥリー シー ツァン ディエン]
ごはん	**飯** fàn [ファン]
麺類	**麵** miàn [ミエン]
特別食	**特殊餐** tè shū cān [トーァ シュウ ツァン]
子供向け機内食	**兒童餐** é tóng cān [オーァ トーン ツァン]

飲み物を頼む

④ **ビール**をください。
我要 **啤酒**。
wǒ yào pí jiǔ
［ウォ ヤオ ピー ジウ］

白ワイン	白酒 bái jiǔ ［バイ ジウ］
赤ワイン	紅酒 hóng jiǔ ［ホーン ジウ］
オレンジジュース	柳橙汁 liǔ chéng zhī ［リウ チュヨン ジー］
リンゴジュース	蘋果汁 píng guǒ zhī ［ピーン グオ ジー］
トマトジュース	番茄汁 fān qié zhī ［ファン チエ ジー］
コーヒー	咖啡 kā fēi ［カー フェイ］
烏龍茶	烏龍茶 wū lóng chá ［ウー ローン チャア］
コーラ	可樂 kě lè ［コーァ ローァ］
ミネラルウォーター	礦泉水 kuàng quán shuǐ ［クワーン チュエン シュウイ］
台湾ビール	台灣啤酒 tái wān pí jiǔ ［タイ ワン ピー ジウ］

言い換え

機内で使う 定番フレーズ

席を替えることはできますか。	請問可以換個位子嗎？ qǐng wèn kě yǐ huàn ge wèi zi ma? [チーン ウエン コーァ イー ホワン ゴーァ ウエイ ズー マー?]
荷物入れにもう場所がありません。	我找不到地方放行李。 wǒ zhǎo bú dào dì fāng fàng xíng lǐ [ウォ ジャオ ブゥ ダオ ディー ファーン ファーン シーン リー]
寒いです。	我有點冷。 wǒ yǒu diǎn lěng [ウォ ヨウ ディエン レン]
毛布をもう一枚ください。	可以再給我一個抱枕嗎？ kě yǐ zài gěi wǒ yī ge bào zhěn ma? [コーァ イー ザイ ゲイ ウォ イー ゴーァ パオ ジェン マー?]
気分が良くないのですが。	我身體不太舒服。 wǒ shēn tǐ bú tài shū fú [ウォ シェン ティー ブゥ タイ シュウ フゥ]
頭が痛いです。	我頭痛。 wǒ tóu tòng [ウォ トウ トーン]
スクリーンの調子が悪いです。	螢幕有點問題。 yíng mù yǒu diǎn wèn tí [イーン ムゥ ヨウ ディエン ウエン ティー]
ヘッドフォンの調子が悪いです。	耳機有點問題。 ěr jī yǒu diǎn wèn tí [オーァ ジー ヨウ ディエン ウエン ティー]
読書灯の調子が悪いです。	閱讀燈有點問題。 yuè dú dēng yǒu diǎn wèn tí [ユエ ドゥ ドゥオン ヨウ ディエン ウエン ティー]
リモコンの調子が悪いです。	遙控器有點問題。 yáo kòng qì yǒu diǎn wèn tí [ヤオ コーン チイ ヨウ ディエン ウエン ティー]
飲み物をこぼしてしまいました。	飲料打翻了。 yǐn liào dǎ fān le [イン リヤオ ダー ファン ローァ]
どうしてもお手洗いに行きたいのですが。	抱歉，我真的很想上洗手間。 bào qiàn, wǒ zhēn de hěn xiǎng shàng xǐ shǒu jiān [パオ チエン, ウォ ジェン ドーァ ヘン シアーン シャーン シイ ショウ ジエン]
座席を倒してもいいですか。	可以把椅背放下去嗎？ kě yǐ bǎ yǐ bèi fàng xià qù ma? [コーァ イー バー イー ベイ ファーン シア チュイ マー?]
すみません（通していただけますか）	借過一下。 jiè guò yí xià [ジエ グオ イー シア]

● 機内の単語

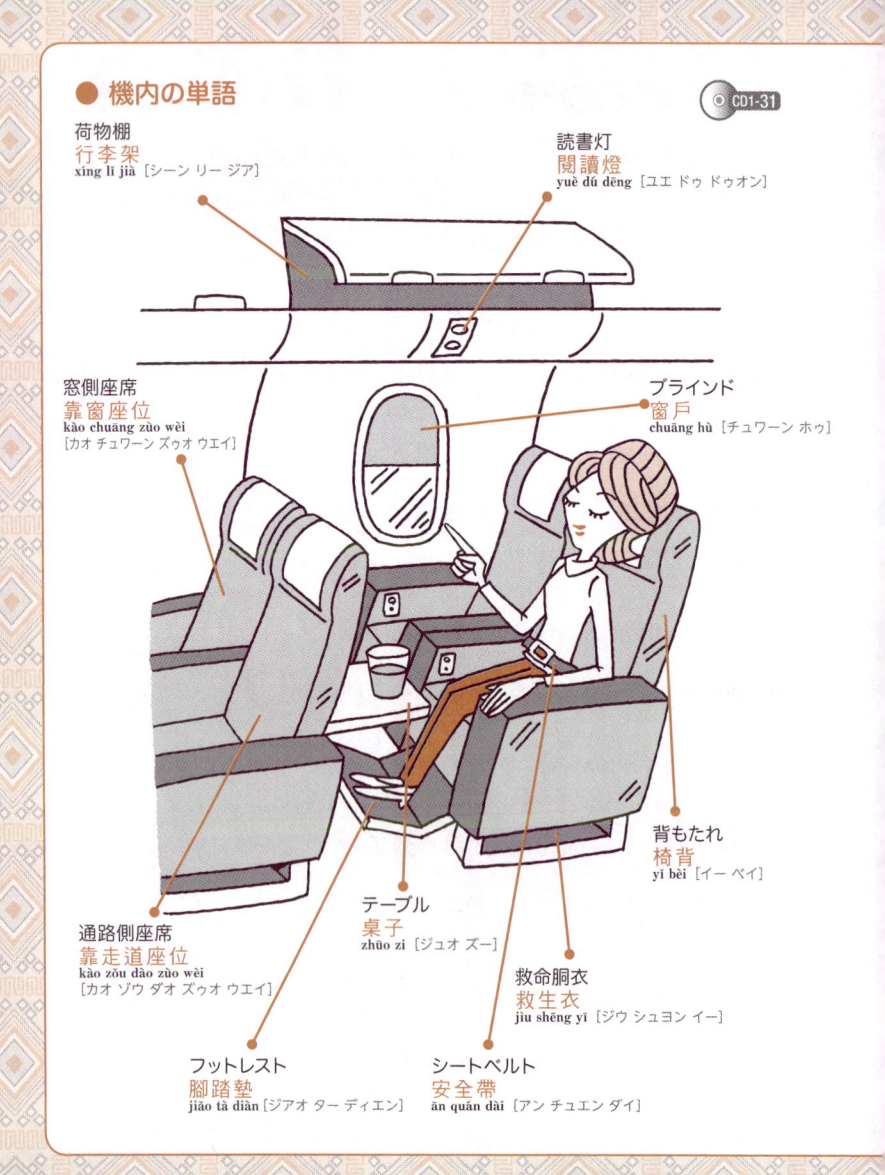

CD1-31

荷物棚
行李架
xíng li jià [シーン リー ジア]

読書灯
閱讀燈
yuè dú dēng [ユエ ドゥ ドゥオン]

窓側座席
靠窗座位
kào chuāng zuò wèi
[カオ チュワーン ズゥオ ウエイ]

ブラインド
窗戶
chuāng hù [チュワーン ホゥ]

背もたれ
椅背
yǐ bèi [イー ベイ]

通路側座席
靠走道座位
kào zǒu dào zuò wèi
[カオ ゾウ ダオ ズゥオ ウエイ]

テーブル
桌子
zhuō zi [ジュオ ズー]

救命胴衣
救生衣
jiù shēng yī [ジウ シュヨン イー]

フットレスト
腳踏墊
jiǎo tà diàn [ジアオ ター ディエン]

シートベルト
安全帶
ān quán dài [アン チュエン ダイ]

38

✈ ≫ 到着空港で

入国審査 ● CD1-32

① 観光のためです。
我是來觀光的。
wǒ shì lái guān guāng de
[ウォ シー ライ グワン グワーン ドーァ（ディー）]

言い換え

仕事	工作 gōng zuò [ゴーン ズゥオ]
留学	留學 liú xué [リウ シュエ]
友人に会う	找朋友 zhǎo péng yǒu [ジャオ プオン ヨウ]

② 一週間です。
一個禮拜。
yī ge lǐ bài
[イー ゴーァ リー バイ]

言い換え

3日間です	三天 sān tiān [サン ティエン]
2週間です	兩個禮拜 liǎng ge lǐ bài [リヤーン ゴーァ リー バイ]
1ヶ月です	一個月 yì ge yuè [イー ゴーァ ユエ]

③ ホテルに泊まります。
我住飯店。
wǒ zhù fàn diàn
[ウォ ジュウ ファン ディエン]

	ハワードホテル	**福華飯店** fú huá fàn diàn [フゥ ホワ ファン ディエン]
	大学の寮	**大學的宿舍** dà xué de sù shè [ダー シュエ ドーァ スゥ ショーァ]
	友人の家	**朋友家** péng yǒu jiā [プオン ヨウ ジア]

④ 私は公務員です。
我是公務員。
wǒ shì gōng wù yuan
[ウォ シー ゴーン ウー ユエン]

	会社員	**上班族** shàng bān zú [シャーン バン ズゥ]
	システムエンジニア	**電腦工程師** diàn nǎo gōng chéng shī [ディエン ナオ ゴーン チュヨン シー]
	学生	**學生** xué sheng [シュエ シュヨン]
	専業主婦	**家庭主婦** jiā tíng zhǔ fù [ジア ティーン ジュウ フゥ]

到着空港で

荷物の受け取り

5 荷物サービスはどこですか。
行李服務處在哪裡？
xíng lǐ fú wù chù zài nǎ lǐ?
[シーン リー フゥ ウー チュウ ザイ ナー リー？]

言い換え

CI301便の
ターンテーブル

CI301 班機的行李轉盤
CIsān líng yī bān jī de xíng lǐ zhuǎn pán
[シーアイサン リーン イー バン ジー ドゥア シーンリー ジュワン パン]

紛失手荷物の窓口

失物招領處
shī wù zhāo lǐng chù
[シー ウー ジャオ リーン チュウ]

カート

手推車
shǒu tuī chē
[ショウ トゥイ チョーァ]

ひとくちメモ 「松山空港」

　松山空港は、台北市に位置しているので、台北の繁華街やホテルへのアクセスにとても便利です。MRTやTAXIを利用すれば15分～20分で、市内中心部に行くことができます。台湾の国内線が主流の空港ですが、羽田空港との定期便があります。

　第1ターミナルの現在の外観は、1971年に建築され、2008年には台北市より「歴史建築物」に指定されました。台湾で非常に歴史的意義のある文化遺産です。

　空港には、台湾の屋台料理から日本のファストフードまで、さまざまな飲食店があり、とても便利です。免税店、土産物屋、コンビニもあるので、買い物にも困りません。

紛失手荷物の窓口で

6 黒いスーツケースです。
我的行李箱是黑色的。
wǒ de xíng lǐ xiāng shì hēi sè de
[ウォ ドーァ シーン リー シアーン シー ヘイ ソーァ ドーァ]

言い換え		
	青色の	藍色 lán sè [ラン ソーァ]
	シルバーの	銀色 yín sè [イン ソーァ]
	赤い	紅色 hóng sè [ホーン ソーァ]
	革製の	皮 pí [ピー]
	布製の	布 bù [ブゥ]
	ハードケースの	硬殻 yìng ké [イーン コーァ]
	大きい	大 dà [ダー]
	小さい	小 xiǎo [シァオ]

到着空港で

(税関審査)

7. ビールを1本持っています。
我帶了一瓶啤酒。
wǒ dài le yì píng pí jiǔ
[ウォ ダイ ローァ イー ピーン ピー ジウ]

言い換え

タバコ1カートン	一條菸 yì tiáo yān [イー ティヤオ イエン]
日本酒1本	一瓶日本酒 yì píng rì běn jiǔ [イー ピーン ゥリー ベン ジウ]

8. 身の回りのものです。
這是我自己要用的。
zhè shì wǒ zì jǐ yào yòng de
[ジョーァ シー ウォ ズー ジー ヤオ ヨーン ドーァ]

言い換え

友達へのお土産	帶給朋友的伴手禮 dài gěi péng yǒu de bàn shǒu lǐ [ダイ ゲイ プオン ヨウ ドーァ バン ショウ リー]
日本のお菓子	日本的點心 rì běn de diǎn xīn [ゥリー ベン ドーァ ディエン シン]
常備薬	平常吃的成藥 píng cháng chī de chéng yào [ピーン チャーン チー ドーァ チュヨン ヤオ]
化粧品	化妝品 huà zhuāng pǐn [ホワ ジュワーン ピン]

通貨を両替する

9. 両替所はどこですか。
兑換外幣的地方在哪裡？
dùi huàn wài bì de dì fāng zài nǎ lǐ?
[ドゥイ ホワン ワイ ビー ドーァ ディー ファーン ザイ ナー リー？]

言い換え 銀行 ： 銀行
yín háng
[イン ハーン]

10. 台湾ドルに換えてください。
我要換台幣。
wǒ yào huàn tái bì
[ウォ ヤオ ホワン タイ ビー]

言い換え 日本円 ： 日幣
rì bì
[ゥリー ピー]

11. 領収書をください。
請給我收據。
qǐng gěi wǒ shōu jù
[チーン ゲイ ウォ ショウ ジュイ]

言い換え 小銭 ： 零錢
líng qián
[リーン チエン]

到着空港で

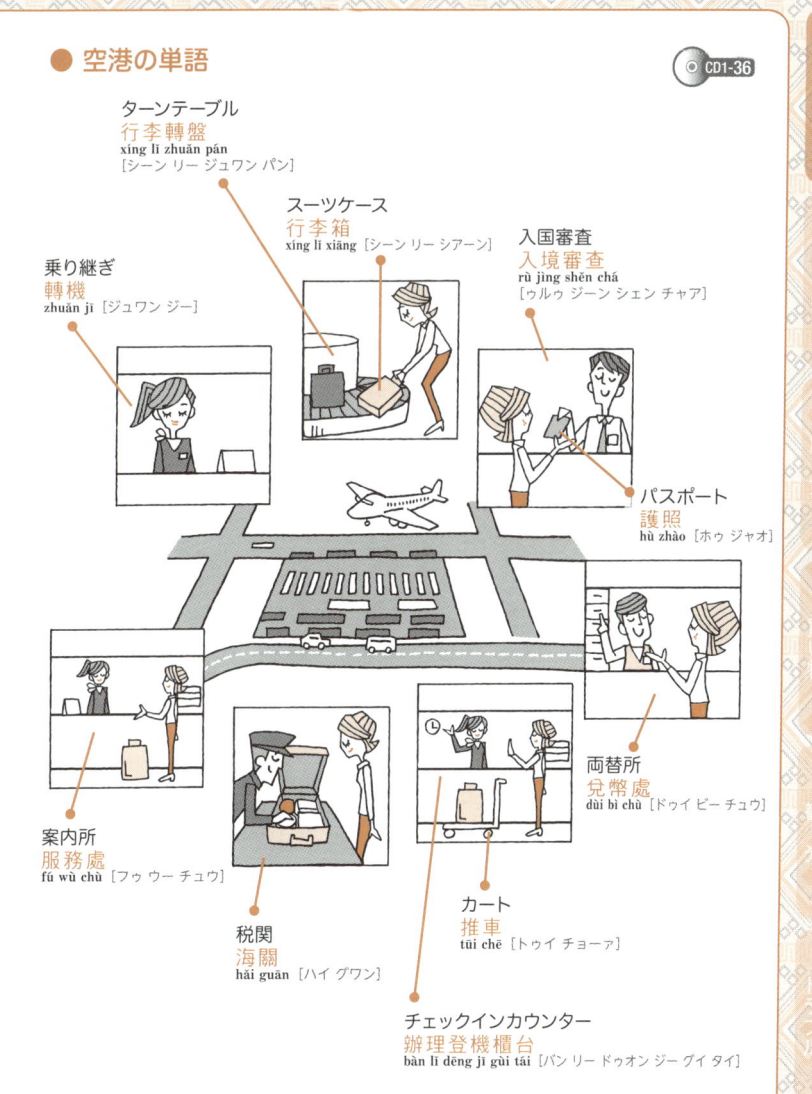

● 空港の単語

CD1-36

ターンテーブル
行李轉盤
xíng lǐ zhuǎn pán [シーン リー ジュワン パン]

スーツケース
行李箱
xíng lǐ xiāng [シーン リー シアーン]

入国審査
入境審査
rù jìng shěn chá [ゥルゥ ジーン シェン チァア]

乗り継ぎ
轉機
zhuǎn jī [ジュワン ジー]

パスポート
護照
hù zhào [ホゥ ジャオ]

両替所
兌幣處
duì bì chù [ドゥイ ビー チュウ]

案内所
服務處
fú wù chù [フゥ ウー チュウ]

税関
海關
hǎi guān [ハイ グワン]

カート
推車
tuī chē [トゥイ チョーァ]

チェックインカウンター
辦理登機櫃台
bàn lǐ dēng jī guì tái [バン リー ドゥオン ジー グイ タイ]

機内・空港

45

✈ 》空港から市内へ

交通機関の場所を聞く

CD1-37

1. **タクシー乗り場**はどこですか。
請問**計程車招呼站**在哪裡？
qǐng wèn jì chéng chē zhāo hū zhàn zài nǎ lǐ?
[チーン ウエン ジー チュヨン チョーァ ジャオ ホゥ ジャン ザイ ナー リー？]

言い換え

MRTの駅	捷運站 jié yùn zhàn [ジエ ユイン ジャン]
在来線の駅	火車站 huǒ chē zhàn [ホオ チョーァ ジャン]
新幹線の駅	高鐵站 gāo tiě zhàn [ガオ ティエ ジャン]
バス乗り場	客運站 kè yùn zhàn [コーァ ユイン ジャン]

2. **台北**行きのバスはありますか。
請問有到**台北**的客運嗎？
qǐng wèn yǒu dào tái běi de kè yùn ma?
[チーン ウエン ヨウ ダオ タイ ベイ ドーァ コーァ ユイン マー？]

言い換え

新幹線 桃園（とうえん）駅	桃園高鐵站 táo yuán gāo tiě zhàn [タオ ユエン ガオ ティエ ジャン]
高雄（カオシュン）	高雄 gāo xióng [ガオ シオーン]

空港から市内へ

タクシーの運転手に頼む

③ トランクを開けてください。
麻煩你開一下後車廂。
má fán nǐ kāi yí xià hòu chē xiāng
[マー ファン ニー カイ イー シア ホウ チョーァ シアーン]

言い換え

もっとゆっくり走って	**再開慢一點** zài kāi màn yì diǎn [ザイ カイ マン イー ディエン]
荷物を手伝って	**幫我拿一下行李** bāng wǒ ná yí xià xíng lǐ [バーン ウォ ナー イー シア シーン リー]
ここに行って	**到這裡** dào zhè lǐ [ダオ ジョーァ リー]
ここで停めて	**在這邊停車** zài zhè biān tíng chē [ザイ ジョーァ ビエン ティーン チョーァ]

ひとくちメモ 「台湾のタクシー」

とにかく安い台湾交通機関、電車は初乗り20元（1元＝3円）と格安ですが、タクシーもとてもお手頃価格で乗ることができます。ちょっと疲れたら、雨が降ってきたら、気軽にタクシーをつかまえて、移動しましょう。日本と同様に手を挙げればタクシーは止まってくれます。

タクシー 定番フレーズ

- いくらくらいになりますか。
  大概要多少錢?
  dà gài yào duō shǎo qián? [ダー ガイ ヤオ ドゥオ シャオ チエン?]

- 4人乗れますか。
  可以坐四個人嗎?
  kě yǐ zuò sì ge rén ma? [コーァ イー ズゥオ スー ゴーァ ゥレン マー?]

- この住所に行ってください。
  請到這個地址的地方。
  qǐng dào zhè ge dì zhǐ de dì fāng [チーン ダオ ジョーァ ゴーァ ディー ジー ドゥア ディー ファーン]

- 渋滞ですか。
  塞車嗎?
  sai chē ma? [サイ チョーァ マー?]

- いくらですか。
  多少錢?
  duō shǎo qián? [ドゥオ シャオ チエン?]

- ありがとう。おつりはとっておいてください。
  謝謝,不用找了。
  xiè xiè, bú yòng zhǎo le [シエ シエ, ブゥ ヨーン ジャオ ローァ]

ひとくちメモ 「桃園国際空港」

桃園国際空港は、桃園市にある台湾最大の国際空港で、台湾の表玄関の役割を果たしています。台北市内にある松山空港と違い、台北の南西約40kmに位置しています。リムジンバス、高速鉄道（新幹線）、タクシーを使って台湾の主要都市にアクセスすることができます。高速鉄道（新幹線）の駅である、桃園駅までは、シャトルバスを使って行くことになります。

場面別会話編

宿　泊

台湾のホテルには日本語が話せるスタッフもいますが、台湾華語でコミュニケーションをとることで、いっそう親しくなることができます。このコーナーの単語やフレーズを使って、用件を台湾華語で伝えてみましょう。

>> 問い合わせ

客室のタイプ

① ツインルームをお願いします。
請給我 兩小床的雙人房。
qǐng gěi wǒ liǎng xiǎo chuáng de shuāng rén fáng
[チーン ゲイ ウォ リヤーン シヤオ チュワーン ドーア シュワーン ゥレン ファーン]

シングルルーム	**單人房** dān rén fáng [ダン ゥレン ファーン]	
ダブルルーム	**一大床的雙人房** yí dà chuáng de shuāng rén fáng [イーダー チュワーン ドーア シュワーン ゥレン ファーン]	
トリプルルーム	**三人房** sān rén fáng [サン ゥレン ファーン]	
禁煙ルーム	**禁菸房** jìn yān fáng [ジン イエン ファーン]	
喫煙ルーム	**抽菸房** chōu yān fáng [チョウ イエン ファーン]	
町が見える部屋	**街景房** jiē jǐng fáng [ジエ ジーン ファーン]	
海が見える部屋	**海景房** hǎi jǐng fáng [ハイ ジーン ファーン]	
バス付の部屋	**有浴缸的房間** yǒu yù gāng de fáng jiān [ヨウ ユイ ガーン ドーア ファーン ジエン]	
一番安い部屋	**最便宜的房間** zuì pián yí de fáng jiān [ズイ ピエン イー ドーア ファーン ジエン]	

問い合わせ

料金を聞く

② 一泊あたりいくらですか。
一個晚上多少錢？

yí ge wǎn shàng duō shǎo qián?
[イー ゴーァ ワン シャーン ドゥオ シャオ チエン？]

言い換え

	エキストラベッド	**加床** jiā chuáng [ジア チュワーン]
	朝食	**加早餐** jiā zǎo cān [ジア ザオ ツァン]
	キャンセル	**取消** qǔ xiāo [チュイ シヤオ]

ひとくちメモ 「税金、チップについて」

　日本の消費税にあたる台湾の物品税は、通常、定価の中に含まれています。また、チップを渡す習慣はありませんが、旅館やホテル、レストランなどでは、ほとんどの場合、10％のサービス料が徴収されます。

施設の有無を聞く

③ 宴会場はありますか。
請問有宴會廳嗎？
qǐng wèn yǒu yàn huì tīng ma?
［チーン ウエン ヨウ イエン ホゥイ ティーン マー ？］

言い換え		
	プール	**游泳池** yóu yǒng chí ［ヨウ ヨーン チー］
	トレーニングジム	**健身房** jiàn shēn fáng ［ジエン シェン ファーン］
	マッサージルーム	**按摩室** àn mó shì ［アン モー シー］
	エステ	**美容沙龍** měi róng shā lóng ［メイ ゥローン シャア ローン］
	サウナ	**三溫暖** sān wēn nuǎn ［サン ウエン ヌワン］
	レストラン	**餐廳** cān tīng ［ツァン ティーン］
	コーヒーラウンジ	**咖啡廳** kā fēi tīng ［カー フェイ ティーン］
	バー	**酒吧** jiǔ ba ［ジウ バー］
	会議室	**會議室** huì yì shì ［ホゥイ イー シー］
	土産物屋	**土產店** tǔ chǎn diàn ［トゥ チャン ディエン］

問い合わせ

● ホテルロビーの単語

🔘 CD1-41

ドアマン
接待人員
jiē dài rén yuán［ジェ ダイ レン ユェン］

ベルボーイ
行李搬運人員
xíng lǐ bān yùn rén yuán［シン リー バン ユン レン ユェン］

フロント
櫃台
guì tái［グイ タイ］

ロビー
大廳
dà tīng［ダー ティーン］

客室係
客房人員
kè fáng rén yuán
［コーァ ファーン ゥレン ユエン］

🏨 》フロントで

希望を伝える　　　　　　　　　　　　　　　　　　　　CD1-42

① チェックインをしたいのですが。
我要check in。
wǒ yào check in
[ウォ ヤオ チェック イン]

言い換え

チェックアウトをする	**退房** tùi fáng [トゥイ ファーン]
予約をする	**預約** yù yuē [ユイ ユエ]
キャンセルする	**取消預約** qǔ xiāo yù yuē [チュイ シヤオ ユイ ユエ]
インターネットを使う	**用網路** yòng wǎng lù [ヨーン ワーン ルゥ]
ファックスを送る	**傳真** chuán zhēn [チュワン ジェン]
部屋を替える	**換房間** huàn fáng jiān [ホワン ファーン ジエン]
日本に電話をする	**打電話到日本** dǎ diàn huà dào rì běn [ダー ディエン ホワ ダオ ゥリー ペン]
現金で支払う	**付現** fù xiàn [フゥ シエン]
クレジットカードで支払う	**刷卡** shuā kǎ [シュワ カー]

フロントで

言い換え

もう1泊する	加住一晚 jiā zhù yì wǎn [ジア ジュウ イー ワン]
予定より1日早く発つ	早一天出發 zǎo yì tiān chū fā [ザオ イー ティエン チュウ ファー]

② 鍵をください。
請給我鑰匙。
qǐng gěi wǒ yào shi
[チーン ゲイ ウォ ヤオ シー]

言い換え

地図	地圖 dì tú [ディー トゥ]
領収書	收據 shōu jù [ショウ ジュイ]
名刺	名片 míng piàn [ミーン ピエン]

③ 部屋に付けてもらえますか。
可以幫我算在房間錢裡嗎？
kě yǐ bāng wǒ suàn zài fáng jiān qián lǐ ma?
[コーア イー バーン ウォ スワン ザイ ファーン ジエン チエン リー マー？]

言い換え

荷物を預かって	寄放行李 jì fàng xíng lǐ [ジー ファーン シーン リー]
タクシーを呼んで	叫計程車 jiào jì chéng chē [ジアオ ジー チュヨン チョーァ]

館内設備の場所を聞く

4 レストランはどこですか。
請問餐廳在哪裡?
qǐng wèn cān tīng zài nǎ lǐ?
[チーン ウエン ツァン ティーン ザイ ナー リー?]

言い換え			
	エレベーター	電梯	diàn tī [ディエン ティー]
	サウナ	三溫暖	sān wēn nuǎn [サン ウエン ヌワン]
	バー	酒吧	jiǔ ba [ジウ バー]
	プール	游泳池	yóu yǒng chí [ヨウ ヨーン チー]
	スパ	spa	spa [スパ]
	ジム	健身房	jiàn shēn fáng [ジエン シェン ファーン]
	美容室	美髮沙龍	měi fà shā lóng [メイ ファー シャア ローン]
	会議室	會議室	huì yì shì [ホゥイ イー シー]
	宴会場	宴會廳	yàn huì tīng [イエン ホゥイ ティーン]
	お手洗い	洗手間	xǐ shǒu jiān [シイ ショウ ジエン]

フロントで／部屋で

🏢 >> 部屋で

使いたいと伝える

🎧 CD1-44

① アイロンを使いたいのですが。
請問有熨斗嗎？
qǐng wèn yǒu yùn dòu ma?
[チーン ウエン ヨウ ユイン ドウ マー？]

言い換え		
	ドライヤー	**吹風機** chuī fēng jī [チュウイ フォン ジー]
	体温計	**體溫計** tǐ wēn jì [ティー ウエン ジー]
	湯沸かしポット	**熱水壺** rè shuǐ hú [ゥローァ シュウイ ホゥ]
	ケーブル	**網路線** wǎng lù xiàn [ワーン ルゥ シエン]
	携帯充電器	**手機充電器** shǒu jī chōng diàn qì [ショウ ジー チョーン ディエン チイ]

ひとくちメモ 「台湾の喫煙事情」

公共施設をはじめ、電車内、レストラン、ホテル客室など屋内での喫煙が禁止及び制限されています。違反者は罰則として1000～2000元の罰金も課せられます。愛煙家の方は所定のエリアで喫煙されるなど、台湾の喫煙ルールへのご理解とご協力をお願いします。

57

[ほしいと伝える]

② タオルをもう一枚ください。
請再給我一條毛巾。
qǐng zài gěi wǒ yì tiáo máo jīn
[チーン ザイ ゲイ ウォ イー ティヤオ マオ ジン]

言い換え

毛布をもう一枚	**一條毛毯** yì tiáo máo tǎn [イー ティヤオ マオ タン]
シーツをもう一枚	**一條床單** yì tiáo chuáng dān [イー ティヤオ チュワーン ダン]
シャンプー	**一瓶洗髮精** yì píng xǐ fà jīng [イー ピーン シイ ファー ジーン]
リンス	**一瓶潤絲精** yì píng rùn sī jīng [イー ピーン ゥルン スー ジーン]
石けん	**一塊肥皂** yí kuài féi zào [イー クワイ フェイ ザオ]
トイレットペーパー	**一捲衛生紙** yì juǎn wèi shēng zhǐ [イー ジュエン ウエイ シュヨン ジー]

ひとくちメモ 「飲み水」

台湾では、水道水をそのまま飲用しないほうがいいです。コンビニエンスストアやスーパーでミネラルウォーターを購入してください。観光用のホテルなどでは、ミネラルウォーターなど飲料用の水をサービスで提供しているところも多くなっています。

朝食

朝食を注文する

3 小籠包を6つください。
我要六個小籠包 。
wǒ yào liù ge xiǎo lóng bāo
[ウォ ヤオ リウ ゴーァ シヤオ ローン バオ]

言い換え

コーヒー	**一杯咖啡** yì bēi kā fēi [イー ベイ カー フェイ]
牛乳	**一杯牛奶** yì bēi niú nǎi [イー ベイ ニウ ナイ]
オレンジジュース	**一杯柳橙汁** yì bēi liǔ chéng zhī [イー ベイ リウ チュヨン ジー]
豆乳	**一杯冰豆漿** yì bēi bīng dòu jiāng [イー ベイ ビーン ドウ ジアーン]
揚げパン	**一份油條** yí fèn yóu tiáo [イー フェン ヨウ ティヤオ]

● ホテルの部屋の単語

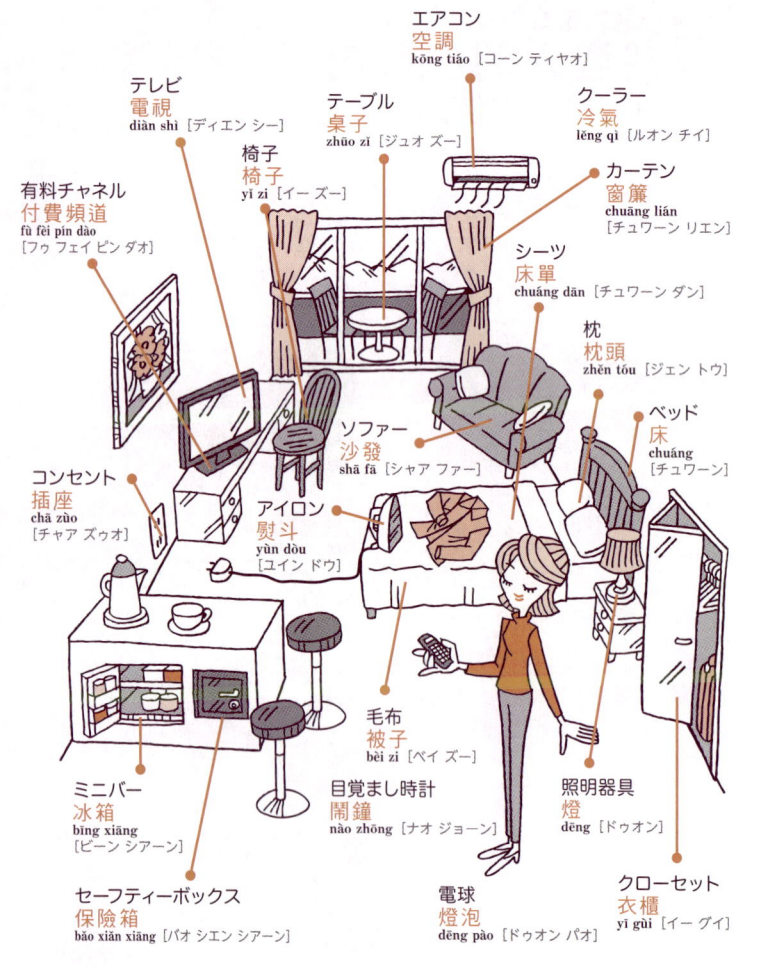

CD1-46

エアコン
空調 kōng tiáo [コーン ティヤオ]

テレビ
電視 diàn shì [ディエン シー]

テーブル
桌子 zhuō zī [ジュオ ズー]

クーラー
冷氣 lěng qì [ルオン チイ]

椅子
椅子 yǐ zi [イー ズー]

カーテン
窗簾 chuāng lián [チュワーン リエン]

有料チャネル
付費頻道 fù fèi pín dào [フゥ フェイ ピン ダオ]

シーツ
床單 chuáng dān [チュワーン ダン]

枕
枕頭 zhěn tóu [ジェン トウ]

ソファー
沙發 shā fā [シャア ファー]

ベッド
床 chuáng [チュワーン]

コンセント
插座 chā zuò [チャア ズゥオ]

アイロン
熨斗 yùn dǒu [ユイン ドウ]

毛布
被子 bèi zi [ベイ ズー]

照明器具
燈 dēng [ドゥオン]

ミニバー
冰箱 bīng xiāng [ビーン シアーン]

目覚まし時計
鬧鐘 nào zhōng [ナオ ジョーン]

クローゼット
衣櫃 yī guì [イー グイ]

セーフティーボックス
保險箱 bǎo xiǎn xiāng [バオ シエン シアーン]

電球
燈泡 dēng pào [ドゥオン パオ]

60

● バスルームの単語

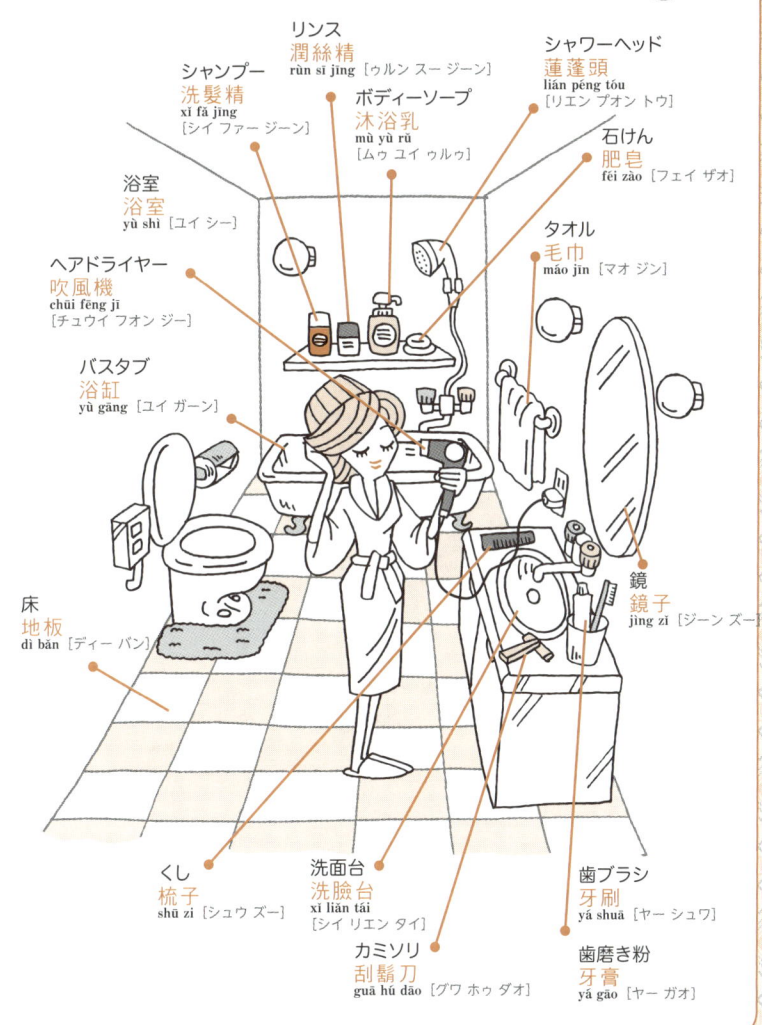

CD1-47

シャンプー
洗髮精
xǐ fǎ jīng [シイ ファー ジーン]

リンス
潤絲精
rùn sī jīng [ゥルン スー ジーン]

ボディーソープ
沐浴乳
mù yù rǔ [ムゥ ユイ ゥルゥ]

シャワーヘッド
蓮蓬頭
lián péng tóu [リエン プォン トウ]

石けん
肥皂
féi zào [フェイ ザオ]

浴室
浴室
yù shì [ユイ シー]

タオル
毛巾
máo jīn [マオ ジン]

ヘアドライヤー
吹風機
chuī fēng jī [チュウイ フオン ジー]

バスタブ
浴缸
yù gāng [ユイ ガーン]

鏡
鏡子
jìng zi [ジーン ズー]

床
地板
dì bǎn [ディー バン]

くし
梳子
shū zi [シュウ ズー]

洗面台
洗臉台
xǐ liǎn tái [シイ リエン タイ]

歯ブラシ
牙刷
yá shuā [ヤー シュワ]

カミソリ
刮鬍刀
guā hú dāo [グワ ホゥ ダオ]

歯磨き粉
牙膏
yá gāo [ヤー ガオ]

61

フロントで使う 定番フレーズ

○ CD1-48

- 予約しておいた田中です。
  我是有預約的田中。
  wǒ shì yǒu yù yuē de tián zhōng
  ［ウォ シー ヨウ ユイ ユエ ドァ ティエン ジョーン］

- 空いている部屋はありますか。
  請問有空房間嗎？
  qǐng wèn yǒu kōng fáng jiān ma?
  ［チーン ウエン ヨウ コーン ファーン ジエン マー？］

- 2泊したいです。
  我要住兩晚。
  wǒ yào zhù liǎng wǎn ［ウォ ヤオ ジュウ リヤーン ワン］

- すぐ部屋に入れますか。
  現在可以進房間了嗎？
  xiàn zài kě yǐ jìn fáng jiān le ma?
  ［シエン ザイ コーァ イー ジン ファーン ジエン ロァ マー？］

- 何時から部屋に入れますか。
  什麼時候可以進房間？
  Shén me shí hòu kě yǐ jìn fáng jiān?
  ［シェン モーァ シー ホウ コーァ イー ジン ファーン ジエン？］

- 何時に部屋を出なければなりませんか。
  退房時間是幾點？
  tùi fáng shí jiān shì jǐ diǎn?
  ［トゥイ ファーン シー ジエン シー ジー ディエン？］

- 近くにスーパーマーケットはありますか。
  附近有超市嗎？
  fù jìn yǒu chāo shì ma?［フゥ ジン ヨウ チャオ シー マー？］

- 荷物を預けておいてもいいですか。
  可以寄放行李嗎？
  kě yǐ jì fàng xíng lǐ ma?
  ［コーァ イー ジー ファーン シーン リー マー？］

- 預けておいた荷物を受け取りたいです。
  我要領寄放的行李。
  wǒ yào lǐng jì fàng de xíng lǐ
  ［ウォ ヤオ リーン ジー ファーン ドァ シーン リー］

- 日本語が話せる人はいますか。
  請問有會說日文的人嗎？
  qǐng wèn yǒu huì shuō rì wén de rén ma?
  ［チーン ウエン ヨウ ホゥイ シュオ ゥリー ウエン ドァ ゥレン マー？］

≫トラブル

故障している

1. 電話が壊れています。
電話壞了。
diàn huà huài le
[ディエン ホワ ホワイ ローァ]

言い換え

テレビ	電視 diàn shì [ディエン シー]
エアコン	冷氣 lěng qì [ルオン チイ]
鍵	鑰匙 yào shi [ヤオ シー]
セーフティーボックス	保險箱 bǎo xiǎn xiāng [バオ シエン シアーン]
目覚まし時計	鬧鐘 nào zhōng [ナオ ジョーン]
ドアロック	門鎖 mén suǒ [メン スゥオ]
照明	燈 dēng [ドゥオン]
コンセント	插座 chā zuò [チャア ズゥオ]
ベッド	床 chuáng [チュワーン]

困ったときの 定番フレーズ　　　CD1-50

- お湯が出ません。
  沒有熱水。
  méi yǒu rè shuǐ ［メイ ヨウ ゥローァ シュウイ］

- トイレの水が流れません。
  馬桶不能沖水。
  mǎ tǒng bù néng chōng shuǐ
  ［マートーン ブゥ ヌオン チョーン シュウイ］

- 電球が切れています。
  燈泡壞了。
  dēng pào huài le ［ドゥオン パオ ホワイ ローァ］

- 部屋がタバコ臭いです。
  房間有菸味。
  fáng jiān yǒu yān wèi ［ファーン ジエン ヨウ イエン ウエイ］

- インターネットがつながりません。
  網路連不上。
  wǎng lù lián bù shàng ［ワーン ルゥ リエン ブゥ シャーン］

- 鍵を部屋の中に置いて来てしまいました。
  鑰匙忘在房間裡了。
  yào shi wàng zài fáng jiān lǐ le
  ［ヤオ シー ワーン ザイ ファーン ジエン リー ローァ］

- 部屋の鍵をなくしてしまいました。
  鑰匙掉了。
  yào shi diào le ［ヤオ シー ディヤオ ローァ］

- ドアが開きません。
  門打不開。
  mén dǎ bù kāi ［メン ダー ブゥ カイ］

- 隣の部屋がうるさいです。
  隔壁的房間很吵。
  gé bì de fáng jiān hěn chǎo
  ［ゴーァ ビー ドーァ ファーン ジエン ヘン チャオ］

- 部屋が汚れています。
  房間很髒。
  Fáng jiān hěn zāng ［ファーン ジエン ヘン ザーン］

- 暑すぎます。
  太熱了。
  tài rè le ［タイ ゥローァ ローァ］

- 寒すぎます。
  太冷了。
  tài lěng le ［タイ レン ローァ］

場面別会話編

飲　食

旅の楽しみの一つにその土地の料理を味わうことがあります。夜市やレストランで、牛肉麺や牡蠣のオムレツといった台湾の地元料理をいただくのも台湾旅行の魅力の一つです。

店を探す

店を探す

① 有名なレストランはありますか。
附近有沒有有名的餐廳？
fù jìn yǒu méi yǒu yǒu míng de cān tīng?
[フゥ ジン ヨウ メイ ヨウ ヨウ ミーン ドゥア ツァン ティーン？]

言い換え	
日本料理のレストラン	**日本料理店** rì běn liào lǐ diàn [ゥリー ベン リヤオ リー ディエン]
イタリア料理のレストラン	**義大利麵店** yì dà lì miàn diàn [イー ダー リー ミエン ディエン]
鉄板焼きのレストラン	**鐵板燒店** tiě bǎn shāo diàn [ティエ バン シャオ ディエン]
タイ料理のレストラン	**泰國料理店** tài gúo liào lǐ diàn [タイ グオ リヤオ リー ディエン]
おすすめの店	**推薦的餐廳** tūi jiàn de cān tīng [トゥイ ジエン ドゥア ツァン ティーン]
ベジタリアンのレストラン	**素食餐廳** sù shí cān tīng [スゥ シー ツァン ティーン]
軽食堂	**小吃店** xiǎo chī diàn [シヤオ チー ディエン]

ひとくちメモ 「食事のマナー」

台湾では、スープや麺類などは音を立てずに食べるのがマナーです。お茶などの飲み物を飲むときも、音をたてないよう気をつけてください。

② おいしいレストランを探しています。
我在找好吃的店。
wǒ zài zhǎo hǎo chī de diàn
［ウォ ザイ ジャオ ハオ チー ドゥア ディエン］

言い換え		
	あまり高くない レストラン	**便宜一點的店** pián yí yì diǎn de diàn ［ピエン イー イー ディエン ドゥア ディエン］
	おしゃれなレストラン	**有氣氛的餐廳** yǒu qì fēn de cān tīng ［ヨウ チイ フェン ドゥア ツァン ティーン］
	おしゃれなバー	**有氣氛的 lounge bar** yǒu qì fēn de lounge bar ［ヨウ チイ フェン ドゥア ラウンジ バー］
	小籠包の店	**小籠包店** xiǎo lóng bāo diàn ［シヤオ ローン バオ ディエン］
	有名な朝食の店	**有名的早餐店** yǒu míng de zǎo cān diàn ［ヨウ ミーン ドゥア ザオ ツァン ディエン］
	居酒屋	**熱炒店** rè chǎo diàn ［ゥローア チャオ ディエン］
	食べ放題の店	**吃到飽的店** chī dào bǎo de diàn ［チー ダオ バオ ドゥア ディエン］

ひとくちメモ 「素食家（ベジタリアン）」

　台湾には「素食家（ベジタリアン）」と呼ばれる人たちがいます。程度に差があり、極端な場合だと肉、魚、卵はもちろん、ニンニクやネギ類、ニラといった根菜も食べません。さらに、旧暦の1日と15日にベジタリアンと同じような食事をとる人もいます。そのため、台湾では「素食」の看板を掲げるレストランが数多くあります。

🍴≫ 夜市・レストランで

メニューを頼む

CD1-52

1. メニューをください。
我要菜單。
wǒ yào cài dān
[ウォ ヤオ ツァイ ダン]

言い換え

日本語のメニュー	日文的菜單 rì wén de cài dān [ゥリー ウエン ドーァ ツァイ ダン]
英語のメニュー	英文的菜單 yīng wén de cài dān [イーン ウエン ドーァ ツァイ ダン]
ドリンクメニュー	飲料的菜單 yǐn liào de cài dān [イン リヤオ ドーァ ツァイ ダン]
セットメニュー	套餐的菜單 tào cān de cài dān [タオ ツァン ドーァ ツァイ ダン]
デザートメニュー	甜點的菜單 tián diǎn de cài dān [ティエン ディエン ドーァ ツァイ ダン]

ひとくちメモ 「台湾のお茶」

台湾の有名なお茶といえば凍頂烏龍茶や東方美人です。凍頂烏龍茶は日本で飲まれている通常の茶色の烏龍茶とは異なり、緑がかった色のお茶で味も大きく異なります。

お手軽な価格帯から超高級茶まで幅広い価格帯があり、お茶屋さんでは気楽に試飲ができるので、ぜひ好みのお茶を探してみてください。

夜市・レストランで

飲み物を注文する

② タピオカミルクティーをお願いします。
我要一杯珍珠奶茶。
wǒ yào yì bēi zhēn zhū nǎi chá
[ウォ ヤオ イー ベイ ジェン ジュウ ナイ チャア]

言い換え		
ヤクルト緑茶		**多多綠** dūo dūo lǜ [ドゥオ ドゥオ ルゥィ]
スイカジュース		**西瓜汁** xī guā zhī [シイ グワ ジー]
スイートオレンジジュース		**柳丁汁** liǔ dīng zhī [リウ ディーン ジー]
サトウキビジュース		**甘蔗汁** gān zhè zhī [ガン ジョーァ ジー]
コーラ		**可樂** kě lè [コーァ ローァ]
台湾ビール		**台灣啤酒** tái wān pí jiǔ [タイ ワン ピー ジウ]
紹興酒		**紹興酒** shào xīng jiǔ [シャオ シーン ジウ]
高粱酒		**高粱酒** gāo liáng jiǔ [ガオ リヤーン ジウ]
凍頂烏龍茶		**凍頂烏龍茶** dòng dǐng wū lóng chá [ドーン ディーン ウー ローン チャア]
東方美人茶		**東方美人茶** dōng fāng měi rén chá [ドーン ファーン メイ ゥレン チャア]

③ 無糖でお願いします。
我要無糖。
wǒ yào wú tang
[ウォ ヤオ ウー ターン]

言い換え

| 氷抜き | 去冰 qù bīng [チュイ ビーン] |
| 氷少なめ | 少冰 shǎo bīng [シャオ ビーン] |

④ フルーツティーにお湯を追加できますか。
水果茶可以回沖嗎？
shuǐ guǒ chá kě yǐ húi chōng ma?
[シュウイ グオ チャア コーァ イー ホウイ チョーン マー?]

言い換え

| ジャスミン茶 | 花茶 huā chá [ホワ チャア] |

⑤ コーヒーはおかわりできますか。
咖啡可以續杯嗎？
kā fēi kě yǐ xù bēi ma?
[カー フェイ コーァ イー シュイ ベイ マー?]

言い換え

| アイスティー | 冰紅茶 bīng hóng chá [ビーン ホーン チャア] |

料理を注文する

6 牡蠣のオムレツをお願いします。
我要一份蚵仔煎。
wǒ yào yí fèn ô á chian
[ウォ ヤオ イー フェン オー アー チェン]

言い換え		
肉入り台湾もち	**肉圓**	ròu yuán [ゥロウ ユエン]
牡蠣入りそうめん	**蚵仔麵線**	ô á miàn xiàn [オー アー ミエン シエン]
牛肉麺	**牛肉麵**	niú ròu miàn [ニウ ゥロウ ミエン]
チキンカツ	**雞排**	jī pái [ジー パイ]
臭豆腐（しゅうどうふ）	**臭豆腐**	chòu dòu fǔ [チョウ ドウ フゥ]
干し豆腐	**豆干**	dòu gān [ドウ ガン]
醤油煮した卵	**滷蛋**	lǔ dàn [ルゥ ダン]
焼き餃子	**鍋貼**	guō tiē [グオ ティエ]
水餃子	**水餃**	shuǐ jiǎo [シュウイ ジアオ]
小籠包	**小籠包**	xiǎo lóng bāo [シヤオ ローン バオ]

7 ライスをお願いします。
我要一份白飯。
wǒ yào yí fèn bái fàn
[ウォ ヤオ イー フェン バイ ファン]

チャーハン	炒飯 chǎo fàn [チャオ ファン]
タンメン	湯麵 tāng miàn [ターン ミエン]
まぜそば	乾麵 gān miàn [ガン ミエン]
焼きビーフン	炒米粉 chǎo mǐ fěn [チャオ ミー フェン]
ビーフンのスープ	米粉湯 mǐ fěn tāng [ミー フェン ターン]
白菜の漬物と豚バラ肉の鍋	酸菜白肉鍋 suān cài bái ròu guō [スワン ツァイ バイ ゥロウ グオ]
麻婆豆腐	麻婆豆腐 má pó dòu fǔ [マー ポー ドウ フゥ]
サンベイジー（鶏の醤油炒め煮）	三杯雞 sān bēi jī [サン ペイ ジー]
エビの包み上げ	蝦捲 xiā juǎn [シア ジュエ]
イカ入りとろみスープ	花枝羹 huā zhī gēng [ホワ ジー グオン]

◆夜市・レストランで

牡蠣のスープ 言い換え	蚵仔湯 ô á tāng [オー アー タン]
エビの包み上げ	蝦捲 xiā juǎn [シア ジュエ]
ふかひれスープ	魚翅湯 yú chì tang [ユー チー タン]
卵スープ	蛋花湯 dàn huā tang [ダン ファ タン]
ルーローハン	魯肉飯 lǔ ròu fàn [ルー ロウ ファン]
台湾おにぎり	飯糰 fàn tuán [ファン トワン]
台湾風バーガー	割包 gùa bāo [ゴーァ バオ]
ネギ焼きパン	葱油餅 cōng yǒu bǐng [ツォン ヨウ ビン]
台湾ソーセージ	香腸 xiāng cháng [シアーン チャーン]
台湾風チャーシュー	紅燒肉 hóng shāo ròu [ホン シャオ ロウ]
豚肉入りもちご飯	米糕 mǐ gāo [ミー ガオ]
ちまき	粽子（肉粽） zòng zi (ròu zòng) [ゾーン ズー（ゥロウ ゾーン）]
タンピン （台湾風卵焼き）	蛋餅 dàn bǐng [ダン ビン]

メニューに書いてある単語

前菜	拼盤 pīn pán [ピン パン]
サラダ	沙拉 shā lā [シャア ラー]
(鉄板で) 焼く	煎 jiān [ジエン]
(オーブンで) 焼く	烤 kǎo [カオ]
炒める	炒 chǎo [チャオ]
揚げる	炸 zhà [ジャア]
蒸す	蒸 zhēng [ジュヨン]
煮込む	滷 lǔ [ルゥ]
精進物 (しょうじんもの)	素食 sù shí [スゥ シー]
デザート	甜點 tián diǎn [ティエン ディエン]
飲み物	飲料 yǐn liào [イン リヤオ]

夜市・レストランで

レストランを予約するとき・レストランに入るときの 定番フレーズ　CD1-57

● 予約したいのですが。	我想預約。 wǒ xiǎng yù yuē［ウォ シアーン ユイ ユエ］
● 今晩です。	今天晚上。 jīn tiān wǎn shàng［ジン ティエン ワン シャーン］
● 予約しています。	我有預約。 wǒ yǒu yù yuē［ウォ ヨウ ユイ ユエ］
● 予約していませんが、大丈夫ですか。	我沒有預約，現在有位子嗎？ wǒ méi yǒu yù yuē, xiàn zài yǒu wèi zi ma? ［ウォ メイ ヨウ ユイ ユエ, シエン ザイ ヨウ ウエイ ズー マー？］
● 2名です。	兩個人。 liǎng ge rén［リヤーン ゴーァ ゥレン］
● 食事はできますか。	現在可以點餐嗎？ xiàn zài kě yǐ diǎn cān ma? ［シエン ザイ コーァ イー ディエン ツァン マー？］
● 飲み物だけでも大丈夫ですか。	可以只點飲料嗎？ kě yǐ zhǐ diǎn yǐn liào ma? ［コーァ イー ジー ディエン イン リヤオ マー？］
● どのくらい待ちますか。	大概要等多久？ dà gài yào děng duō jiǔ?［ダー ガイ ヤオ ドゥオン ドゥオ ジウ？］
● 最低注文金額はいくらですか。	請問低消多少錢？ qǐng wèn dī xiāo duō shǎo qián? ［チーン ウエン ディー シヤオ ドゥオ シャオ チエン？］
● サービス料金はかかりますか。	要加服務費嗎？ yào jiā fú wù fèi ma?［ヤオ ジア フゥ ウー フェイ マー？］

料理の感想を言う

8 おいしいです。
很好吃。
hěn hǎo chī
[ヘン ハオ チー]

言い換え

辛い	好辣 hǎo là [ハオ ラー]
塩からい	好鹹 hǎo xián [ハオ シエン]
甘い	好甜 hǎo tián [ハオ ティエン]
味が濃い	味道好重 wèi dào hǎo zhòng [ウエイ ダオ ハオ ジョーン]
熱い	好燙 hǎo tàng [ハオ ターン]
脂っこい	好油 hǎo yóu [ハオ ヨウ]

ひとくちメモ 「士林夜市」

　台湾に来る観光客が必ず訪れる夜市と言われているのが、士林夜市です。台北市で最も大きな夜市であり、夕方を過ぎるといつもにぎわっています。屋台などの数は 500 以上もあり、臭豆腐（しゅうどうふ）、台湾ソーセージ、牡蠣のオムレツなど、台湾独特の料理が、何でも食べられます。 食べ物以外の魅力もあります。流行の T シャツやスニーカーなどが安く買えるので、学生や若者の買物スポットになっています。

夜市・レストランで

レストランの店内の単語

CD1-59

メニュー	菜單 cài dān [ツァイ ダン]
店員	服務生 fú wù shēng [フゥ ウー シュヨン]
グラス	杯子 bēi zi [ベイ ズー]
箸	筷子 kuài zi [クワイ ズー]
フォーク	叉子 chā zi [チャア ズー]
スプーン	湯匙 tāng chí [ターン シー]
ナイフ	刀子 dāo zi [ダオ ズー]
皿	盤子 pán zi [パン ズー]
ペーパーナプキン	餐巾紙 cān jīn zhǐ [ツァン ジン ジー]
シェフ	廚師 chú shī [チュウ シー]

レストランでの 定番フレーズ　　　CD1-60

● これは何の肉ですか。	請問這是什麼肉? qǐng wèn zhè shì shén me ròu? [チーン ウエン ジョーァ シー シェン モーァ ゥロウ?]
● これは量がありますか。	這個份量很多嗎? zhè ge fèn liàng hěn duō ma? [ジョーァ ゴーァ フェン リヤーン ヘン ドゥオ マー?]
● これは味が濃いですか。	這個味道很重嗎? zhè ge wèi dào hěn zhòng ma? [ジョーァ ゴーァ ウエイ ダオ ヘン ジョーン マー?]
● 注文したものが来ていません。	我點的東西還沒來 wǒ diǎn de dōng xī hái méi lái [ウォ ディエン ドーァ ドーン シイ ハイ メイ ライ]
● これは頼んでいません。	我沒有點這個。 wǒ méi yǒu diǎn zhè ge [ウォ メイ ヨウ ディエン ジョーァ ゴーァ]
● お箸をください。	請給我筷子。 qǐng gěi wǒ kuài zi [チーン ゲイ ウォ クワイ ズー]
● とてもおいしかったです。	很好吃。 hěn hǎo chī [ヘン ハオ チー]
● お勘定をお願いします。	我要結帳。 wǒ yào jié zhàng [ウォ ヤオ ジエ ジャーン]
● 別々に支払います。	分開付。 fēn kāi fù [フェン カイ フゥ]
● 計算ミスだと思います。	好像算錯錢了。 hǎo xiàng suàn cuò qián le [ハオ シアーン スワン ツゥオ チエン ローァ]

場面別会話編

買い物

台湾には、夜市、ショッピングモール、デパートなどさまざまなショッピングスポットがあります。お気に入りの一品を見つけたら、ぜひ台湾華語での買い物にチャレンジしてみましょう。

🎁 >> 店を探す

店を探す
(CD1-61)

1. 夜市はどこですか。
請問夜市在哪裡？
qǐng wèn yè shì zài nǎ lǐ?
[チーン ウエン イエ シー ザイ ナー リー？]

言い換え

スーパーマーケット	**超市** chāo shì [チャオ シー]
商店街	**商店街** shāng diàn jiē [シャーン ディエン ジエ]
ショッピングモール	**大賣場** dà mài chǎng [ダー マイ チャーン]
デパート	**百貨公司** bǎi huò gōng sī [バイ ホオ ゴーン スー]
お茶の専門店	**茶葉行** chá yè háng [チャア イエ ハーン]
土産物店	**土產店** tǔ chǎn diàn [トゥ チャン ディエン]
免税店	**免稅店** miǎn shuì diàn [ミエン シュウイ ディエン]
コンビニ	**便利商店** biàn lì shāng diàn [ビィエン リー シャン ディエン]

店を探す

売り場を探す

婦人服売り場はどこですか。
請問女裝賣場在哪裡?
qǐng wèn nǚ zhuāng mài chǎng zài nǎ lǐ?
[チーン ウエン ヌゥィ ジュワーン マイ チャーン ザイ ナー リー?]

言い換え

紳士服	**男裝** nán zhuāng [ナン ジュワーン]
スポーツウェア	**童裝** tóng zhuāng [トーン ジュワーン]
子供服	**運動用品** yùn dòng yòng pǐn [ユイン ドーン ヨーン ピン]
婦人靴	**女鞋** nǚ xié [ヌゥィ シエ]
紳士靴	**男鞋** nán xié [ナン シエ]
バッグ	**包包** bāo bāo [バオ バオ]
アクセサリー	**珠寶** zhū bǎo [ジュウ バオ]
化粧品	**化妝品** huà zhuāng pǐn [ホワ ジュワーン ピン]
食器	**餐具** cān jù [ツァン ジュイ]
家電	**家電** jiā diàn [ジア ディエン]

81

🎁 ≫ 洋服・雑貨などの専門店で

お土産を買う

① パイナップルケーキはありますか。
請問有鳳梨酥嗎？
qǐng wèn yǒu fèn glí sū ma?
[チーン ウエン ヨウ フォン リー スー マー？]

言い換え

	月餅	**月餅** yuè bǐng [ユエ ピン]
	マンゴービール	**芒果啤酒** máng guǒ pí jiǔ [マン グゥォ ピー ジゥ]
	烏龍茶クッキー	**烏龍茶餅乾** wū lóng chá bǐng gān [ウー ロン チャ ピン チィェン]
	阿原石鹸 （ユアンソープ）	**蘆原肥皂** lú yuan féi zào [ルー ユェン フェイ ザオ]
	太陽餅 （タイヤンピン）	**太陽餅** tài yáng bǐng [タイ ヤン ピン]
	カラスミ	**烏魚子** wū yú zi [ウー ユー ズー]
	ドライフルーツ	**水果乾** shuǐ guǒ qián [シュイ グゥォ チィェン]
	ヌガー	**牛軋糖** niú zhá tang [ニィゥ ヂャ タン]

服を買う

② Tシャツはありますか。
請問有 T-shirt 嗎？
qǐng wèn yǒu T-shirt ma?
[チーン ウエン ヨウ ティーシャツ マー？]

言い換え	ジャケット	**外套** wài tào [ワイ タオ]
	スーツ	**西裝** xī zhuāng [シイ ジュワーン]
	ワイシャツ	**襯衫** chèn shān [チェン シャン]
	ワンピース	**洋裝** yáng zhuāng [ヤーン ジュワーン]
	パンツ	**長褲** cháng kù [チャーン クゥ]
	ショートパンツ	**短褲** duǎn kù [ドワン クゥ]
	ジーンズ	**牛仔褲** niú zǎi kù [ニウ ザイ クゥ]
	スカート	**裙子** qún zi [チュイン ズー]
	セーター	**毛衣** máo yī [マオ イー]
	コート	**大衣** dà yī [ダー イー]

● 服飾店の単語

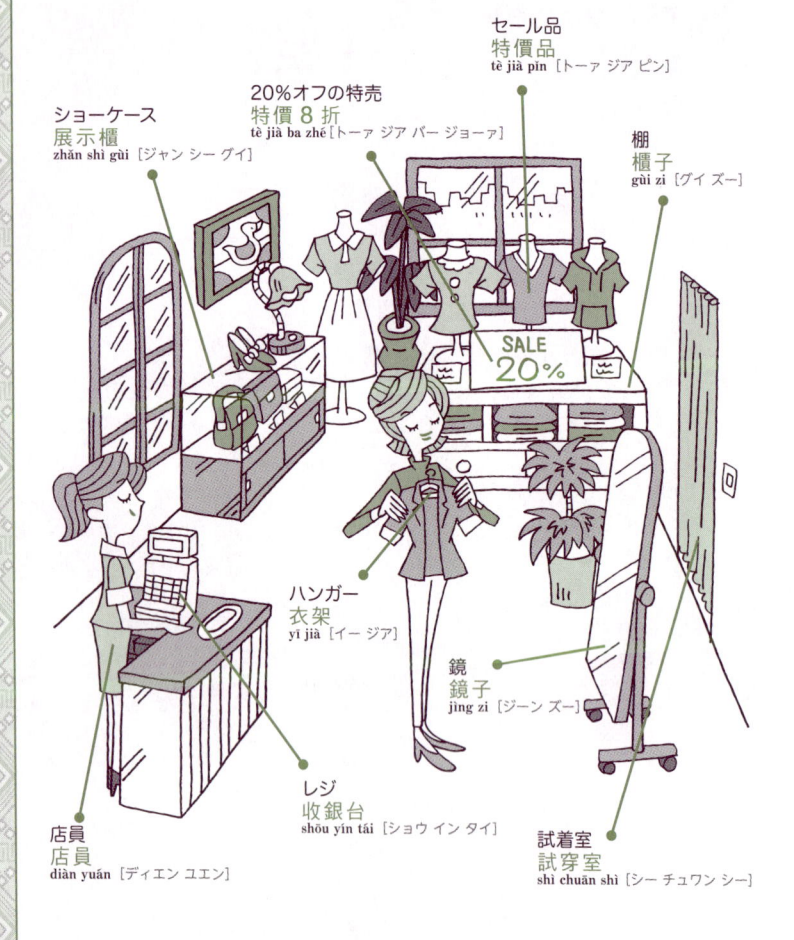

CD1-63

ショーケース
展示櫃
zhǎn shì guì [ジャン シー グイ]

20%オフの特売
特價 8 折
tè jià ba zhé [トーァ ジア バー ジョーァ]

セール品
特價品
tè jià pǐn [トーァ ジア ピン]

棚
櫃子
guì zi [グイ ズー]

ハンガー
衣架
yī jià [イー ジア]

鏡
鏡子
jìng zi [ジーン ズー]

店員
店員
diàn yuán [ディエン ユエン]

レジ
收銀台
shōu yín tái [ショウ イン タイ]

試着室
試穿室
shì chuān shì [シー チュワン シー]

洋服・雑貨などの専門店で

3 Vネックの服はありますか。
有Ｖ領的衣服嗎？
yǒu v lǐng de yī fú ma?
[ヨウ ブイ リーン ドーァ イー フゥ マー?]

言い換え

丸首	**圓領** yuán lǐng [ユエン リーン]
タートルネック	**高領** gāo lǐng [ガオ リーン]
半袖	**短袖** duǎn xiù [ドワン シウ]
長袖	**長袖** cháng xiù [チャーン シウ]
七分袖	**七分袖** qī fēn xiù [チイ フェン シウ]
ノースリーブ	**無袖** wú xiù [ウー シウ]

ひとくちメモ 「台北でのショッピング」

台北には、台北101ショッピングセンター、美麗華ショッピングモール、そごうや三越といった日系のデパート、台北最大の夜市である士林夜市など、魅力的なショッピングスポットが多数あります。デパートやショッピングモールの営業時間は、午前9時から午後9時半（あるいは10時）といったところが多いです。

生地について尋ねる

4 これは**シルク**ですか。
這是絲質的嗎？
zhè shì sī zhí de ma?
［ジョーァ シー スー ジー ドーァ マー？］

言い換え	綿	**棉料** mián liào ［ミエン リヤオ］
	麻	**麻料** má liào ［マー リヤオ］
	ウール	**毛料** máo liào ［マオ リヤオ］
	革	**皮** pí ［ピー］
	カシミア	**喀什米爾** kā shén mǐ ěr ［カー シェン ミー アー］
	本物の毛皮	**真皮** zhēn pí ［ジェン ピー］
	合成繊維	**化學纖維** huà xué xiān wéi ［ホワ シュエ シエン ウエイ］

洋服・雑貨などの専門店で

色について尋ねる

5 これで**赤**はありますか。
這個有紅色的嗎？
zhè ge yǒu hóng sè de ma?
[ジョーァ ゴーァ ヨウ ホーン ソーァ ドーァ マー？]

言い換え		
	黄色	黃 huáng [ホワーン]
	緑	綠 lǜ [ルゥィ]
	青	藍 lán [ラン]
	ピンク	粉紅 fěn hóng [フェン ホーン]
	黒	黑 hēi [ヘイ]
	白	白 bái [バイ]
	紫	紫 zǐ [ズー]
	グレー	灰 huī [ホゥイ]
	茶	咖啡 kā fēi [カー フェイ]
	ベージュ	米 mǐ [ミー]

サイズについて尋ねる

6 これの**Sサイズ**はありますか。
這個有S的嗎?

zhè ge yǒu s de ma?
[ジョーァ ゴーァ ヨウ エス ドーァ マー?]

言い換え

Mサイズ	**M** [エム]
Lサイズ	**L** [エル]
これより小さいもの	**小一點** xiǎo yì diǎn [シヤオ イー ディエン]
これより大きいもの	**大一點** dà yì diǎn [ダー イー ディエン]
これより長いもの	**長一點** cháng yì diǎn [チャーン イー ディエン]
これより短いもの	**短一點** duǎn yì diǎn [ドワン イー ディエン]

洋服・雑貨などの専門店で

かばん・靴を買う

7 バッグはありますか。
有包包嗎？
yǒu bāo bāo ma?
[ヨウ バオ バオ マー？]

ショルダーバッグ	**肩背包** jiān bēi bāo [ジエン ベイ バオ]
ハンドバッグ	**手提包** shǒu tí bāo [ショウ ティー バオ]
スーツケース	**行李箱** xíng lǐ xiāng [シーン リー シアーン]
リュック	**背包** bēi bāo [ベイ バオ]
スニーカー	**球鞋** qiú xié [チウ シエ]
サンダル	**拖鞋** tuō xié [トゥオ シエ]
ハイヒール	**高跟鞋** gāo gēn xié [ガオ ゲン シエ]
ローヒール	**平底鞋** píng dǐ xié [ピーン ディー シエ]
ブーツ	**靴子** xuē zi [シュエ ズー]
歩きやすい靴	**好走的鞋子** hǎo zǒu de xié zi [ハオ ゾウ ドーァ シエ ズー]

雑貨を買う

CD1-67

8 **財布**はありますか。
有**錢包**嗎？

yǒu qián bāo ma?
[ヨウ チエン バオ マー？]

言い換え		
	小銭入れ	**零錢包** líng qián bāo [リーン チエン バオ]
	ハンカチ	**手帕** shǒu pà [ショウ パー]
	スカーフ	**絲巾** sī jīn [スー ジン]
	マフラー	**圍巾** wéi jīn [ウエイ ジン]
	ネクタイ	**領帶** lǐng dài [リーン ダイ]
	手袋	**手套** shǒu tào [ショウ タオ]
	傘	**傘** sǎn [サン]
	折りたたみ傘	**折傘** zhé sǎn [ジョーァ サン]
	帽子	**帽子** mào zi [マオ ズー]
	サングラス	**墨鏡** mò jìng [モー ジーン]

洋服・雑貨などの専門店で

ギフト雑貨を買う

9) キーホルダーはありますか。

有鑰匙圈嗎？

yǒu yào shi quān ma?
[ヨウ ヤオ シー チュエン マー？]

言い換え		
	マグカップ	**馬克杯** mǎ kè bēi [マー コーァ ベイ]
	カレンダー	**桌曆** zhuō lì [ジュオ リー]
	トートバッグ	**托特包** tuō tè bāo [トゥオ トーァ バオ]
	テーブルクロス	**桌巾** zhuō jīn [ジュオ ジン]
	エプロン	**圍裙** wéi qún [ウエイ チュイン]
	しおり	**書籤** shū qiān [シュウ チエン]
	手帳	**小手冊** xiǎo shǒu cè [シヤオ ショウ ヂャー]
	携帯電話のケース	**手機套** shǒu jī tào [ショウ ジー タオ]
	ストラップ	**手機吊飾** shǒu jī diào shì [ショウ ジー ディヤオ シー]
	イヤホンジャックカバー	**耳機塞** ěr jī sài [オーァ ジー サイ]

アクセサリーを買う

CD1-68

10 ネックレスはありますか。
有項鍊嗎？

yǒu xiàng liàn ma?
[ヨウ シアーン リエン マー？]

言い換え

ピアス	**耳環** ěr huán [オーァ ホワン]
ペンダント	**墜鍊** zhuì liàn [ジュウェイ リエン]
ブレスレット	**手鍊** shǒu liàn [ショウ リエン]
指輪	**戒指** jiè zhǐ [ジエ ジー]
ブローチ	**別針** bié zhēn [ビエ ジェン]
ネクタイピン	**領帶夾** lǐng dài jiá [リーン ダイ ジア]
カフスボタン	**袖扣** xiù kòu [シウ コウ]
腕時計	**手錶** shǒu biǎo [ショウ ビヤオ]

洋服・雑貨などの専門店で

化粧品を買う

11 香水はありますか。
有香水嗎？
yǒu xiāng shuǐ ma?
[ヨウ シアーン シュウイ マー？]

乳液	**乳液** rǔ yí [ゥルゥ イー]
メイク落とし	**卸妝油** xiè zhuāng yóu [シエ ジュワーン ヨウ]
保湿クリーム	**保濕乳液** bǎo shī rǔ yè [バオ シー ゥルゥ イエ]
ファンデーション	**粉底** fěn dǐ [フェン ディー]
パウダー	**蜜粉** mì fěn [ミー フェン]
口紅	**口紅** kǒu hóng [コウ ホーン]
マニキュア	**指甲油** zhǐ jiǎ yóu [ジー ジア ヨウ]
除光液	**去光水** qù guāng shuǐ [チュイ グワーン シュウイ]
日焼け止めクリーム	**防曬油** fáng shài yóu [ファーン シャイ ヨウ]

文房具を買う

12 ボールペンはありますか。
有原子筆嗎？
yǒu yuán zǐ bǐ ma?
[ヨウ ユエン ズー ビー マー？]

サインペン（言い換え）	油性筆 yóu xìng bǐ [ヨウ シーン ビー]
万年筆	鋼筆 gāng bǐ [ガーン ビー]
便せん	便條紙 biàn tiáo zhǐ [ビエン ティヤオ ジー]
封筒	信封 xìn fēng [シン フオン]
ノート	筆記本 bǐ jì běn [ビー ジー ペン]
消しゴム	橡皮擦 xiàng pí cā [シアーン ピー ツァー]
メモ帳	記事本 jì shì běn [ジー シー ペン]
ポストカード	明信片 míng xìn piàn [ミーン シン ピエン]
はさみ	剪刀 jiǎn dāo [ジエン ダオ]
セロテープ	膠帶 jiāo dài [ジアオ ダイ]

日用品を買う

13 歯ブラシはありますか。
有牙刷嗎？
yǒu yá shuā ma?
[ヨウ ヤー シュワ マー？]

歯磨き粉	**牙膏** yá gāo [ヤー ガオ]
石けん	**肥皂** féi zào [フェイ ザオ]
シャンプー	**洗髮精** xǐ fǎ jīng [シイ ファー ジーン]
リンス	**潤絲精** rùn sī jīng [ゥルン スー ジーン]
タオル	**毛巾** máo jīn [マオ ジン]
電池	**電池** diàn chí [ディエン チー]
ナプキン	**衛生棉** wèi shēng mián [ウエイ シュヨン ミエン]
ティッシュ	**面紙** miàn zhǐ [ミエン ジー]
ビニール袋	**塑膠袋** sù jiāo dài [スゥ ジアオ ダイ]

ラッピングを頼む

CD1-70

14 別々に包んでください。
請分開裝
qǐng fēn kāi zhuāng
[チーン フェン カイ ジュワーン]

言い換え

一緒に包んで	**裝一起** zhuāng yì qǐ [ジュワーン イー チイ]
ギフト用に包んで	**包裝成禮品** bāo zhuāng chéng lǐ pǐn [パオ ジュワーン チュヨン リー ピン]
箱に入れて	**用盒子裝** yòng hé zi zhuāng [ヨーン ホーァ ズー ジュワーン]
紙袋に入れて	**用紙袋裝** yòng zhǐ dài zhuāng [ヨーン ジー ダイ ジュワーン]
リボンをかけて	**加上緞帶** jiā shàng duàn dài [ジア シャーン ドワン ダイ]
値札をとって	**撕掉標價** sī diào biāo jià [スー ディヤオ ピヤオ ジア]
もう一つ袋を	**再給我一個袋子** zài gěi wǒ yì ge dài zi [ザイ ゲイ ウォ イー ゴーァ ダイ ズー]

商品を見る・選ぶときの 定番フレーズ

CD1-71

- 見ているだけです。
  我先看看就好。
  wǒ xiān kàn kàn jiù hǎo ［ウォ シエン カン カン ジウ ハオ］

- 迷っています。
  我不知道要選哪個比較好。
  wǒ bù zhī dào yào xuǎn nǎ ge bǐ jiào hǎo
  ［ウォ ブー ジー ダオ ヤオ シュエン ナー ゴーァ ビー ジアオ ハオ］

- またにします。
  我下次再看看。
  wǒ xià cì zài kàn kàn ［ウォ シア ツー ザイ カン カン］

- あれを見せてもらえますか。
  可以給我看看那個嗎？
  kě yǐ gěi wǒ kàn kàn nà ge ma? ［コーァ イー ゲイ ウォ カン カン ナー ゴーァ マー？］

- ショーウィンドウのものを見せてもらえますか。
  可以看外面櫥窗那一件嗎？
  kě yǐ kàn wài miàn chú chuāng nà yí jiàn ma?
  ［コーァ イー カン ワイ ミエン チュウーン チュワーン ナー イー ジエン マー？］

- これを試着できますか。
  可以試穿嗎？
  kě yǐ shì chuān ma? ［コーァ イー シー チュワン マー？］

- もっと安いのはありませんか。
  有便宜一點的嗎？
  yǒu pián yí yì diǎn de ma? ［ヨウ ピエン イー イー ディエン ドーァ マー？］

- これをください。
  請給我這個。
  qǐng gěi wǒ zhè ge ［チーン ゲイ ウォ ジョーァ ゴーァ］

- 触ってもいいですか。
  可以摸摸看嗎？
  kě yǐ mō mō kàn ma? ［コーァ イー モー モー カン マー？］

- これはもっとありますか。
  這個還有嗎？
  zhè ge hái yǒu ma? ［ジョーァ ゴーァ ハイ ヨウ マー？］

支払いの時の 定番フレーズ

CD1-72

- 全部でいくらになりますか。　總共多少錢？
  zōng gòng duō shǎo qián? [ゾーン ゴーン ドゥオ シャオ チエン？]

- クレジットカードで払えますか。　可以刷卡嗎？
  kě yǐ shuā kǎ ma? [コーァ イー シュワ カー マー？]

- JCBカードで払えますか。　可以刷JCB嗎？
  kě yǐ shuā jcb ma? [コーァ イー シュワ ジェーシービー マー？]

- 小銭がありません、ごめんなさい。　抱歉，我沒有零錢。
  bào qiàn, wǒ méi yǒu líng qián [バオ チエン ウォ メイ ヨウ リーン チエン]

- おつりが足りないのですが。　好像找錯錢了。
  hǎo xiàng zhǎo cuò qián le [ハオ シアーン ジャオ ツゥオ チエン ローア]

- 領収書をお願いします。　我要收據。
  wǒ yào shōu jù [ウォ ヤオ ショウ ジュイ]

場面別会話編

観 光

台湾には、映画「千と千尋の神隠し」の世界に似ている九份、夕日が美しく、台湾のベニスとも言われている淡水など魅力的な観光スポットが数多くあります。定番フレーズを使って、心ゆくまで旅を味わいましょう。

観光案内所で

観光名所への行き方を尋ねる

1. 九分（きゅうふん）はどうやって行ったらいいですか。
請問九份要怎麼去？
qǐng wèn jiǔ fèn yào zěn mó qù?
[チーン ウエン ジウ フェン ヤオ ゼン モー チュイ？]

言い換え

平渓（へいけい）	平溪 píng xī [ピーン シイ]
貓空（まおこん）	貓空 māo kōng [マオ コーン]
公館（こうかん）	公館 gōng guǎn [ゴーン グワン]
西門町（せいもんちょう）	西門町 xī mén tīng [シイ メン ティーン]
饒河（じょうが）夜市	饒河夜市 ráo hé yè shì [ゥラオ ホーァ イエ シー]
陽明山（ようめいさん）	陽明山 yáng míng shān [ヤーン ミーン シャン]
淡水（たんすい）	淡水 dàn shuǐ [ダン シュウイ]
阿里山（ありさん）	阿里山 ā lǐ shān [アー リー シャン]
日月潭（にちげつたん）	日月潭 rì yuè tán [ゥリー ユエ タン]

観光案内所で

言い換え	故宮博物院 (こきゅうはくぶついん)	**故宮博物院** gù gōng bó wù yuan [グゥ ゴーン ボー ウー ユエン]
	台北101	**台北一〇一** tái běi yī líng yī [ベイ イー リーン イー]
	中正紀念堂 (ちゅうせいきねんどう)	**中正紀念堂** zhōng zhèng jì niàn tang [ジョーン ジュヨン ジー ニエン ターン]
	墾丁(こんてい) 国家公園	**墾丁國家公園** kěn dīng gúo jiā gōng yuan [ケン ディーン グオ ジア ゴーン ユエン]
	龍山寺(りゅうざんじ)	**龍山寺** lóng shān sì [ローン シャン スー]
	知本(ちもと)温泉	**知本溫泉** zhī běn wēn quán [ヂー ベン ウェン チュエン]

都市への行き方を尋ねる

② 高雄(カオシュン)へはどういったらいいですか。
請問高雄要怎麼去？
qǐng wèn gāo xióng yào zěn mó qù?
[チーン ウエン ガオ シオーン ヤオ ゼン モー チュイ？]

言い換え	台中(タイジョン)	**台中** tái zhōng [タイ ジョーン]
	台南(たいなん)	**台南** tái nán [タイ ナン]
	花蓮(かれん)	**花蓮** huā lián [ホワ リエン]

目的の場所がどこか尋ねる

③ この辺りに美術館はありますか。
這附近有美術館嗎？
zhè fù jìn yǒu měi shù guǎn ma
［ジョーァ フゥ ジン ヨウ メイ シュウ グワン マー］

言い換え

タクシー乗り場	**計程車招呼站** jì chéng chē zhāo hū zhàn ［ジー チュヨン チョーァ ジャオ ホゥ ジャン］
観光案内所	**遊客中心** yóu kè zhōng xīn ［ヨウ コーァ ジョーン シン］
市場	**市場** shì chǎng ［シー チャーン］
お土産屋	**土產店** tǔ chǎn diàn ［トゥ チャン ディエン］
博物館	**博物館** bó wù guǎn ［ボー ウー グワン］

希望を伝える

④ ケーブルカーに乗りたいのですが。
我想坐纜車。
wǒ xiǎng zuò lǎn chē
［ウォ シアーン ズゥオ ラン チョーァ］

言い換え

トラムに乗りたい	**坐輕軌** zuò qīng guǐ ［ズゥオ チーン グイ］
台北101の展望台に行きたい	**上101觀景台** shàng yī líng yī guān jǐng tái ［シャーン イー リーン イー グワン ジーン タイ］

観光案内所で

希望を伝える

5 野球の試合を見たいのですが。
我想看棒球賽。
wǒ xiǎng kàn bàng qíu sài
[ウォ シアーン カン バーン チウ サイ]

言い換え

バスケットの試合	**籃球賽** lán qíu sài [ラン チウ サイ]
芝居	**舞台劇** wǔ tái jù [ウー タイ ジュイ]
コンサート	**演唱會** yǎn chàng hùi [イエン チャーン ホゥイ]

ツアーに参加するときの 定番フレーズ　　CD2-3

- ホテルまで迎えに来てもらえますか。
  請問可以來飯店接嗎？
  qǐng wèn kě yǐ lái fàn diàn jiē ma?
  [チーン ウエン コーァ イー ライ ファン ディエン ジエ マー？]

- 自由時間はありますか。
  有自由時間嗎？
  yǒu zì yóu shí jiān ma? [ヨウ ズー ヨウ シー ジエン マー？]

- 入場料は料金に含まれていますか。
  有含門票嗎？
  yǒu hán mén piào ma? [ヨウ ハン メン ピヤオ マー？]

- 食事代は料金に含まれていますか。
  有含餐費嗎？
  Yǒu hán cān fèi ma? [ヨウ ハン ツァン フェイ マー？]

- 集合場所はどこですか。
  請問在哪裡集合？
  qǐng wèn zài nǎ lǐ jí hé?
  [チーン ウエン ザイ ナー リー ジー ホーァ？]

- 集合時間は何時ですか。
  什麼時候集合？
  shén me shí hòu jí hé? [シェン モーァ シー ホウ ジー ホーァ？]

- 帰りはどこで解散ですか。
  回程在哪裡解散？
  húi chéng zài nǎ lǐ jiě sàn?
  [ホゥイ チュヨン ザイ ナー リー ジエ サン？]

📷 » 乗り物を利用する

乗り物のチケットを買う

(CD2-4)

> **① 3日間周遊券**を1枚ください。
> **我要一張三日券。**
> wǒ yào yì zhāng sān rì quàn
> [ウォ ヤオ イー ジャーン サン ゥリー チュエン]

🔄 言い換え

往復	**來回票** lái húi piào [ライ ホゥイ ピヤオ]
片道	**單程票** dān chéng piào [ダン チュヨン ピヤオ]
ビジネス	**商務艙** shāng wù cāng [シャーン ウー ツァン]
エコノミー	**經濟艙** jīng jì cāng [ジーン ジー ツァン]
大人	**全票** quán piào [チュエン ピヤオ]
子供	**半票** bàn piào [バン ピヤオ]
イージーカード	**悠遊卡** yōu yóu kǎ [ヨウ ヨウ カー]

観光案内所で／乗り物を利用する

鉄道に乗るときの 定番フレーズ　CD2-5

● チャージしたいのですが。	我要儲值。 wǒ yào chú zhí［ウォ ヤオ チュウ ジー］
● 猫空（マオコン）へ行くのはどの線に乗ればいいですか。	去貓空要坐什麼線？ qù māo kōng yào zuò shén me xiàn? ［チュイ マオ コーン ヤオ ズゥオ シェン モーァ シエン？］
● 文湖線（ぶんこせん）に乗りたいです。	我想坐文湖線。 wǒ xiǎng zuò wén hú xiàn ［ウォ シアーン ズゥオ ウエン ホゥ シエン］
● 西門（せいもん）駅までは乗り換えがありますか。	到西門站要轉車嗎？ dào xī mén zhàn yào zhuàn chē ma? ［ダオ シイ メン ジャン ヤオ ジュワン チョーァ マー？］
● どの駅で乗り換えますか。	要在哪裡轉車？ yào zài nǎ lǐ zhuàn chē?［ヤオ ザイ ナー リー ジュワン チョーァ？］
● 松山（ソンシャン）空港に行くのはどのプラットホームですか。	去松山機場是哪個月台？ qù sōng shān jī chǎng shì nǎ ge yuè tái? ［チュイ ソーン シャン ジー チャーン シー ナー ゴーァ ユエ タイ？］

バスに乗るときの 定番フレーズ　CD2-6

● バスの停留所はどこですか。	請問公車站在哪裡？ qǐng wèn gōng chē zhàn zài nǎ lǐ? ［チーン ウエン ゴーン チョーァ ジャン ザイ ナー リー？］
● このバスは忠烈祠に行きますか。	這台公車有到忠烈祠嗎？ zhè tái gōng chē yǒu dào zhōng liè cí ma? ［ジョーァ タイ ゴーン チョーァ ヨウ ダオ ジョン リーァ チー マ？］
● 北投（ほくとう）に行くにはどこで降りたらいいですか。	去北投要在哪裡下車？ qù běi tóu yào zài nǎ lǐ xià chē? ［チュイ ペイ トウ ヤオ ザイ ナー リー シア チョーァ？］
● 野柳（やりゅう）まであといくつですか。	還有幾站到野柳？ hái yǒu jǐ zhàn dào yě liǔ? ［ハイ ヨウ ジー ジャン ダオ イエ リウ？］
● 空港行きの次のバスは何時ですか。	下一班到機場的客運是幾點？ xià yī bān dào jī chǎng de kè yùn shì jǐ diǎn? ［シア イー バン ダオ ジー チャーン ドーァ コーァ ユイン シー ジー ディエン？］
● 降ります。	我要下車。 wǒ yào xià chē［ウォ ヤオ シア チョーァ］

タクシーに乗る

② MRTの忠孝復興(ちゅうこうふっこう)駅までお願いします。
到捷運忠孝復興站。

dào jié yùn zhōng xiào fù xīng zhàn
[ダオ ジエ ユイン ジョーン シヤオ フゥ シーン ジャン]

この住所	**這個地方** zhè ge dì fāng [ジョーア ゴーア ディー ファーン]
師大(しだい)夜市	**師大夜市** shī dà yè shì [シー ダー イエ シー]
松山(ソンシャン)空港	**松山機場** sōng shān jī chǎng [ソーン シャン ジー チャーン]
最寄りの病院	**最近的醫院** zuì jìn de yī yuàn [ズゥイ ジン ドーァ イー ユエン]
最寄りの警察署	**最近的警察局** zuì jìn de jǐng chá jú [ズゥイ ジン ドーァ ジーン チャア ジュイ]

ひとくちメモ 「台湾の鉄道」

　台湾の鉄道は3種類あり、1つ目が台北と高雄の都心部を走るMRT、2つ目が台湾全土をカバーする在来線、3つ目が日本も技術協力をした台湾版の新幹線の台湾高速鉄道です。

　台湾高速鉄道以外は日本のSUICA・PASMOのようなチャージが可能な乗車カードが便利です。

　台北近郊では乗車カードの悠遊カード(EASYCARD)を駅の券売機、コンビニで購入することができます。購入時はチャージが0なので駅の券売機かコンビニでチャージが必要ですが、行先の料金を細かく確認する必要もなく、MRTでは乗車料金が自動割引になるので、ぜひ購入をおすすめします。

📷 >> 観光スポットで

チケットを買う

🎧 CD2-8

① **大人1枚**をお願いします。
我要一張全票。
wǒ yào yì zhāng quán piào
[ウォ ヤオ イー ジャーン チュエン ピヤオ]

言い換え	学生2枚	**兩張學生票** liǎng zhāng xué shēng piào [リヤーン ジャーン シュエ シュヨン ピヤオ]
	子供1枚	**一張半票** yì zhāng bàn piào [イー ジャーン バン ピヤオ]
	1日券2枚	**兩張一日券** liǎng zhāng yí rì quàn [リヤーン ジャーン イー ゥリー チュエン]

許可を得る

② **入っても**いいですか。
可以進去嗎?
kě yǐ jìn qù ma?
[コーァ イー ジン チュイ マー?]

言い換え	荷物を持って入っても	**帶包包進去** dài bāo bāo jìn qù [ダイ パオ パオ ジン チュイ]
	再入場しても	**重複入場** chóng fù rù chǎng [チョーン フゥ ゥルゥ チャーン]
	触っても	**摸** mō [モー]

観光スポットで使う 定番フレーズ

● 案内図をもらえますか。

有導覽傳單嗎?
yǒu dǎo lǎn chuán dān ma?
[ヨウ ダオ ラン チュワン ダン マー?]

● 日本語の音声ガイドはありますか。

有日文的導覽解說嗎?
yǒu rì wén de dǎo lǎn jiě shuō ma?
[ヨウ ゥリー ウエン ドーァ ダオ ラン ジエ シュオ マー?]

● 日本語のパンフレットはありますか。

有日文的導覽手冊嗎?
yǒu rì wén de dǎo lǎn shǒu cè ma?
[ヨウ ゥリー ウエン ドーァ ダオ ラン ショウ ツォーァ マー?]

● ロッカーはありますか。

有寄物櫃嗎?
yǒu jì wù guì ma? [ヨウ ジー ウー グイ マー?]

● ここは有料ですか。

這裡要付費嗎?
zhè lǐ yào fù fèi ma? [ジョーァ リー ヤオ フゥ フェイ マー?]

● ここは無料ですか。

這裡免費嗎?
zhè lǐ miǎn fèi ma? [ジョーァ リー ミエン フェイ マー?]

● ガイド付き見学は何時ですか。

有解說員的參觀時間是什麼時候?
yǒu jiě shuō yuán de cān guān shí jiān shì shén me shí hòu?
[ヨウ ジエ シュオ ユエン ドーァ ツァン グワン シー ジエン シー シェン モーァ シー ホウ?]

● 見学はどのくらい時間がかかりますか。

參觀完大概要多久?
cān guān wán dà gài yào duō jiǔ?
[ツァン グワン ワン ダー ガイ ヤオ ドゥオ ジウ?]

観光スポットで

写真を撮る

🎧 CD2-10

③ 写真を撮ってもいいですか。
可以拍照嗎？
kě yǐ pāi zhào ma?
[コーァ イー パイ ジャオ マー？]

言い換え

ここで写真を撮っても	**在這裡拍照**	zài zhè lǐ pāi zhào [ザイ ジョーァ リー パイ ジャオ]
フラッシュを使っても	**用閃光燈**	yòng shǎn guāng dēng [ヨーン シャン グワーン ドゥオン]
ビデオに撮っても	**攝影**	shè yǐng [ショーァ イーン]

写真を撮ってもらうときの 定番フレーズ

🎧 CD2-11

● 写真を撮っていただけますか。
可以幫我拍照嗎？
kě yǐ bāng wǒ pāi zhào ma?
[コーァ イー バーン ウォ パイ ジャオ マー？]

● 一緒に写真を撮ってもいいですか。
可以一起拍照嗎？
kě yǐ yì qǐ pāi zhào ma?
[コーァ イー イー チイ パイ ジャオ マー？]

● ここを押してください。
按這裡就可以了。
àn zhè lǐ jiù kě yǐ le [アン ジョーァ リー ジウ コーァ イー ローァ]

● もう1枚お願いできますか。
可以再拍一張嗎？
kě yǐ zài pāi yì zhāng ma?
[コーァ イー ザイ パイ イー ジャーン マー？]

● これが入るように撮っていただけますか。
可以把這個拍進去嗎？
kě yǐ bǎ zhè ge pāi jìn qù ma?
[コーァ イー バー ジョーァ ゴーァ パイ ジン チュイ マー？]

● 全体が入るように撮っていただけますか。
可以把全部的人都拍進去嗎？
kě yǐ bǎ quán bù de rén dōu pāi jìn qù ma?
[コーァ イー バー チュエン ブゥ ドーァ ゥレン ドウ パイ ジン チュイ マー？]

コンサートを鑑賞するときの 定番フレーズ　　CD2-12

- 指定席ですか。

  這是有座位的嗎?
  zhè shì yǒu zuò wèi de ma?
  [ジョーァ シー ヨウ ズゥオ ウエイ ドーァ マー?]

- 当日券はありますか。

  有當日售票嗎?
  yǒu dāng rì shòu piào ma?
  [ヨウ ダーン ゥリー ショウ ピヤオ マー?]

- その席からは舞台全体が見えますか。

  這個位子可以看到整個舞台嗎?
  zhè ge wèi zǐ kě yǐ kàn dào zhěng ge wǔ tái ma?
  [ジョーァ ゴーァ ウエイ ズー コーァ イー カン ダオ ジュヨン ゴーァ ウー タイ マー?]

- 一番安い席でお願いします。

  請給我最便宜的位子。
  qǐng gěi wǒ zuì pián yí de wèi zǐ
  [チーン ゲイ ウォ ズゥイ ピエン イー ドーァ ウエイ ズー]

- 正面席がいいのですが。

  有正面的位子嗎?
  yǒu zhèng miàn de wèi zǐ ma?
  [ヨウ ジュヨン ミエン ドーァ ウエイ ズー マー?]

- 通路の横の席がいいのですが。

  有走道旁邊的位子嗎?
  yǒu zǒu dào páng biān de wèi zǐ ma?
  [ヨウ ゾウ ダオ パーン ビエン ドーァ ウエイ ズー マー?]

- 隣り合わせで座りたいのですが。

  我們想坐一起。
  wǒ mén xiǎng zuò yì qǐ
  [ウォ メン シアーン ズゥオ イー チイ]

ひとくちメモ 「台北アリーナ」

台湾のコンサート会場の1つに、台北アリーナがあります。台湾の屋内のコンサート会場では最も大きく、約1万1,000人の観客を収容できる会場です。台湾の有名アーティストはもちろん、日本や韓国の有名アーティストもコンサートを開催してきました。好きなアーティストのコンサートを観に行くために、台湾へ旅行するのもいいですね。

観光スポットで／野球観戦

📷 >> 野球観戦

応援するときの 定番フレーズ　　　CD2-13

● がんばれ！	加油！ jiā yóu ［ジア ヨウ］
● いけ！いけ！	衝啊！ chōng ā ［チョーン アー］
● いいぞ！うまい！	讚！厲害！ zàn lì hài ［ザン リー ハイ］
● 惜しい！	可惜！ kě xī ［コーァ シイ］
● あなたのファンです。	我是你的球迷。 wǒ shì nǐ de qiú mí ［ウォ シー ニー ドーァ チウ ミー］
● サインをいただけませんか。	可以幫我簽名嗎？ kě yǐ bāng wǒ qiān míng ma? ［コーァ イー バーン ウォ チエン ミーン マー？］

野球観戦に関する用語

CD2-14

球場	**球場** qiú chǎng [チウ チャーン]
内野	**內野** nèi yě [ネイ イエ]
外野	**外野** wài yě [ワイ イエ]
表	**上局** shàng jú [シャーン ジュイ]
裏	**下局** xià jú [シア ジュイ]
ストライク	**好球** hǎo qiu [ハオ チウ]
ボール	**壞球** huài qiu [ホワイ チウ]
三振	**三振** sān zhèn [サン ジェン]
フォアボール	**保送** bǎo sòng [バオ ソーン]
一塁	**一壘** yì lěi [イー レイ]
二塁	**二壘** è lěi [オーァ レイ]
三塁	**三壘** sān lěi [サン レイ]
ホームベース	**本壘** běn lěi [ベン レイ]
満塁	**滿壘** mǎn lěi [マン レイ]
ヒット	**安打** ān dǎ [アン ダー]
ホームラン	**全壘打** quán lěi dǎ [チュエン レイ ダー]
フライ	**高飛球** gāo fēi qiu [ガオ フェイ チウ]
ゴロ	**滾地球** gǔn dì qiu [グン ディー チウ]
ピッチャー交代	**換投手** huàn tóu shǒu [ホワン トウ ショウ]

場面別会話編

トラブル

旅行中、紛失や盗難などのトラブルに遭ったとき、台湾華語で助けを求めたり、説明しなくてはならない状況に置かれることがあります。ここでは、そのような場面で使える表現を紹介します。

>> トラブルに直面！

とっさの一言

助けて！	救命！ jiù mìng [ジウ ミーン]
やめてください！	不要！ bu yào [ブゥ ヤオ]
痛いです！	好痛！ hǎo tòng [ハオ トーン]
はなせ！	放開！ fàng kāi [ファーン カイ]
泥棒！	小偷！ xiǎo tōu [シヤオ トウ]
火事だ！	火災！ huǒ zāi [ホオ ザイ]
来てください！	請馬上過來！ qǐng mǎ shàng guò lái [チーン マー シャーン グオ ライ]
気を付けて！	小心！ xiǎo xīn [シヤオ シン]
危ないですよ！	危險！ wēi xiǎn [ウエイ シエン]
ごめんなさい。	對不起。 duì bù qǐ [ドゥイ ブゥ チイ]

助けを呼ぶ

CD2-16

① 警察を呼んで！
叫警察！
jiào jǐng chá!
[ジアオ ジーン チャア]

医者を	醫生 yī shēng [イー シュヨン]
救急車を	救護車 jiù hù chē [ジウ ホゥ チョーァ]
家族を	家人 jiā rén [ジア ゥレン]
ガイドを	導遊 dǎo yóu [ダオ ヨウ]
日本語がわかる人を	會說日文的人 huì shuō rì wén de rén [ホゥイ シュオ ゥリー ウエン ドーァ ゥレン]
誰かを	人 rén [ゥレン]

盗難に遭った

② 道でひったくりに遭いました。
我在路上碰到扒手。
wǒ zài lù shàng pèng dào pá shǒu
[ウォ ザイ ルゥ シャーン プオン ダオ パー ショウ]

言い換え		
	MRTで	**捷運** jié yùn [ジエ ユイン]
	球場で	**球場** qiú chǎng [チウ チャーン]
	公園で	**公園** gōng yuán [ゴーン ユエン]
	駅で	**火車站** huǒ chē zhàn [ホオ チョーァ ジャン]
	空港で	**機場** jī chǎng [ジー チャーン]
	夜市で	**夜市** yè shì [イエ シー]

トラブルに直面！

③ バッグを盗まれました。
我的包包被偷了。

wǒ de bāo bāo bèi tōu le
[ウォ ドーァ バオ バオ ベイ トウ ローァ]

言い換え

クレジットカード	信用卡 xìn yòng kǎ [シン ヨーン カー]
携帯電話	手機 shǒu jī [ショウ ジー]
財布	錢包 qián bāo [チエン バオ]

紛失したとき

④ パスポートをなくしました。
我的護照掉了。

wǒ de hù zhào diào le
[ウォ ドーァ ホゥ ジャオ ディヤオ ローァ]

言い換え

航空券	機票 jī piào [ジー ピヤオ]
腕時計	手錶 shǒu biǎo [ショウ ビヤオ]
鍵	鑰匙 yào shi [ヤオ シー]

連絡を頼む

5 日本交流協会に連絡をしていただけますか。
可以幫我聯絡日本交流協會嗎?
kě yǐ bāng wǒ lián lào rì běn jiāo líu xié hùi ma?
[コーァ イー バーン ウォ リエン ラオ ゥリー ベン ジアオ リウ シエ ホゥイ マー?]

言い換え		
	ホテル	**飯店** fàn diàn [ファン ディエン]
	警察	**警察** jǐng chá [ジーン チャア]
	家族	**家人** jiā rén [ジア ゥレン]
	ガイド	**導遊** dǎo yóu [ダオ ヨウ]
	病院	**醫院** yī yuàn [イー ユエン]
	旅行会社	**旅行社** lǚ xíng shè [ルゥィ シーン ショーァ]

ひとくちメモ 「日本交流協会」
政治的な事情から台湾には日本大使館・領事館はありませんが、同じ役割を果たす、日本交流会館が台北と高雄にあります。

トラブルに遭ったときの 定番フレーズ

CD2-19

- 日本語（英語）が話せる人はいませんか。

  有會說日文（英文）的人嗎？
  yǒu huì shuō rì wén(yīng wén) de rén ma?
  [ヨウ ホゥイ シュオ ゥリー ウエン（イーン ウエン）ドーァ ゥレン マー？]

- どうしたらいいですか。

  怎麼辦？
  zěn me bàn? [ゼン モーァ バン？]

- どこに行けばいいですか。

  我應該去哪裡？
  wǒ yīng gāi qù nǎ li? [ウォ イーン ガイ チュイ ナー リー？]

- 日本交流協会に連れて行ってくださいませんか。

  可以帶我去日本交流協會嗎？
  kě yǐ dài wǒ qù rì běn jiāo liú xié huì ma?
  [コーァ イー ダイ ウォ チュイ ゥリー ベン ジアオ リウ シエ ホゥイ マー？]

- 電話を貸してもらえますか。

  可以借我電話嗎？
  kě yǐ jiè wǒ diàn huà ma?
  [コーァ イー ジエ ウォ ディエン ホワ マー？]

- 私がしたのではありません。

  不是我做的。
  bú shì wǒ zuò de [ブゥ シー ウォ ズゥオ ドーァ]

- 台湾華語がわかりません。

  我不會說中文。
  wǒ bú huì shuō zhōng wén [ウォ ブゥ ホゥイ シュオ ジョーン ウエン]

盗難に遭ったとき・紛失したときの 定番フレーズ

- 警察はどこですか。
  警察在哪裡？
  jǐng chá zài nǎ lǐ? [ジーン チャア ザイ ナー リー？]

- 盗難届を出しに来ました。
  我要報案，我的東西被偷了。
  wǒ yào bào àn wǒ de dōng xī bèi tōu le
  [ウォ ヤオ バオ アン ウォ ドーァ ドーン シイ ベイ トウ ローァ]

- 盗難届の証明書をいただけますか。
  可以給我報案的三聯單嗎？
  kě yǐ gěi wǒ bào àn de sān lián dān ma?
  [コーァ イー ゲイ ウォ バオ アン ドーァ サン リエン ダン マー？]

- 紛失物の届け出です。
  我要報案，我的東西掉了。
  wǒ yào bào àn wǒ de dōng xī diào le
  [ウォ ヤオ バオ アン ウォ ドーァ ドーン シイ ディヤオ ローァ]

- バッグの中には、クレジットカード、現金、携帯が入っていました。
  包包裡有信用卡、現金跟手機。
  bāo bāo lǐ yǒu xìn yòng kǎ xiàn jīn gēn shǒu jī
  [バオ バオ リー ヨウ シン ヨーン カー シエン ジン ゲン ショウ ジー]

- 見つかったらここに連絡していただけますか。
  找到的話可以聯絡我嗎？
  zhǎo dào de huà kě yǐ lián lùo wǒ ma?
  [ジャオ ダオ ドーァ ホワ コーァ イー リエン ルオ ウォ マー？]

- クレジットカードを無効にしたいです。
  我想掛失信用卡。
  wǒ xiǎng guà shī xìn yòng kǎ
  [ウォ シアーン グワ シー シン ヨーン カー]

トラブルに直面！

事故に遭ったとき・けがをしたときの 定番フレーズ　CD2-21

- 転びました。
  我摔倒了
  wǒ shuāi dǎo le ［ウォ シュワイ ダオ ローァ］

- けがをしました。
  我受傷了
  wǒ shòu shāng le ［ウォ ショウ シャーン ローァ］

- 車の事故に遭いました。
  我出車禍了
  Wǒ chū chē huò le ［ウォ チュウ チョーァ ホオ ローァ］

- 車にぶつけられました。
  我被車子撞了
  wǒ bèi chē zi zhuàng le
  ［ウォ ペイ チョーァ ズー ジュワーン ローァ］

- 私を病院に連れて行ってください。
  請帶我去醫院
  qǐng dài wǒ qù yī yuàn ［チーン ダイ ウォ チュイ イー ユエン］

- ここが痛いです。
  這裡很痛
  zhè li hěn tòng ［ジョーァ リー ヘン トーン］

- 保険に入っています。
  我有保險
  wǒ yǒu bǎo xiǎn ［ウォ ヨウ バオ シエン］

ひとくちメモ「パスポートを紛失したときの連絡先」

・日本交流協会　台北事務所
台北市慶城街 28 号通泰大樓 1F
TEL（02）2713 - 8000　FAX（02）2713 - 8787

・日本交流協会　高雄事務所
高雄市苓雅区和平一路 87 号 10F
TEL（07）771 - 4008　FAX（07）771 - 2734

😊 >> 病院で

発症時期を伝える

🔵 CD2-22

① 昨日からです。
昨天開始。
zuó tiān kāi shǐ
［ズゥオ ティエン カイ シー］

言い換え

今朝	今天早上 jīn tiān zǎo shàng ［ジン ティエン ザオ シャーン］
数日前	好幾天前 hǎo jǐ tiān qián ［ハオ ジー ティエン チエン］
先程	剛才 gāng cái ［ガーン ツァイ］

症状を伝える

② **お腹**が痛いです。
我肚子痛。
wǒ dù zi tòng
［ウォ ドゥ ズー トーン］

言い換え

目	眼睛 yǎn jīng ［イエン ジーン］
頭	頭 tóu ［トウ］
歯	牙齒 yá chǐ ［ヤー チー］

病院で使う 定番フレーズ

● 日本語が話せる医者はいますか。　有會說日文的醫生嗎？
yǒu huì shuō rì wén de yī shēng ma?
[ヨウ ホゥイ シュオ ゥリー ウエン ドーァ イー シュヨン マー？]

● 気分が悪いです。　我身體很不舒服。
wǒ shēn tǐ hěn bù shū fú
[ウォ シェン ティー ヘン ブゥ シュウ フゥ]

● お腹が痛いです。　我肚子痛。
wǒ dù zi tòng [ウォ ドゥ ズー トーン]

● 熱があります。　我發燒。
wǒ fā shāo [ウォ ファー シャオ]

● 吐き気がします。　我想吐。
wǒ xiǎng tù [ウォ シアーン トゥ]

● めまいがします。　我頭暈。
wǒ tóu yūn [ウォ トウ ユイン]

● 熱があるようです。　我好像有點發燒。
wǒ hǎo xiàng yǒu diǎn fā shāo
[ウォ ハオ シアーン ヨウ ディエン ファー シャオ]

● 薬アレルギーがあります。　我有藥物過敏。
wǒ yǒu yào wù guò mǐn [ウォ ヨウ ヤオ ウー グオ ミン]

● 血液型はA型です。　我的血型是 A 型。
wǒ de xuè xíng shì a xíng
[ウォ ドーァ シュエ シーン シー アー シーン]

● 強い薬は服用したくありません。　我不想吃太強的藥。
wǒ bù xiǎng chī tài qiáng de dì yào
[ウォ ブゥ シアーン チー タイ チアーン ドーァ ディー ヤオ]

● 診断書をいただけますか。　可以給我診斷書嗎？
kě yǐ gěi wǒ zhěn duàn shū ma?
[コーァ イー ゲイ ウォ ジェン ドワン シュウ マー？]

● 妊娠中です。　我懷孕。
wǒ huái yùn [ウォ ホワイ ユイン]

薬を買う

3 この薬をください。
請給我這種藥。
qǐng gěi wǒ zhè zhǒng yào
［チーン ゲイ ウォ ジョーァ ジョーン ヤオ］

言い換え

痛み止め	**止痛藥** zhǐ tòng yào ［ジー トーン ヤオ］
頭痛薬	**頭痛藥** tóu tòng yào ［トウ トーン ヤオ］
風邪薬	**感冒藥** gǎn mào yào ［ガン マオ ヤオ］
解熱剤	**退燒藥** tuì shāo yào ［トゥイ シャオ ヤオ］
消毒液	**消毒藥水** xiāo dú yào shuǐ ［シヤオ ドゥ ヤオ シュウイ］
乗り物の酔い止め	**暈車藥** yūn chē yào ［ユイン チョーァ ヤオ］
虫よけ	**防蚊液** fáng wén yí ［ファーン ウエン イー］

病院で

薬の飲み方の説明

④ 1日3回食前に飲んでください。
三餐飯前服用。
sān cān fàn qián fú yòng
[サン ツァン ファン チエン フゥ ヨーン]

言い換え		
	食後に	**三餐飯後** sān cān fàn hòu [サン ツァン ファン ホウ]
	空腹時に	**空腹** kōng fù [コーン フゥ]
	寝る前に	**睡前** shuì qián [シュウイ チエン]
	コップ1杯の水と一緒に	**配温開水** pèi wēn kāi shuǐ [ペイ ウエン カイ シュウイ]

薬の 定番フレーズ CD2-25

● 何日続けて飲めばいいですか。	這種藥要吃幾天？ zhè zhǒng yào yào chī jǐ tiān? [ジョーァ ジョーン ヤオ ヤオ チー ジー ティエン？]
● この薬は眠くなりますか。	吃這種藥會想睡覺嗎？ chī zhè zhǒng yào huì xiǎng shuì jiào ma? [チー ジョーァ ジョーン ヤオ ホウイ シアーン シュウイ ジアオ マー？]
● これは強い薬ですか。	這是很強的藥嗎？ zhè shì hěn jiàng qiáng de yào ma? [ジョーァ シー ヘン ジアーン チアーン ドァ ヤオ マー？]
● 副作用はありますか。	這種藥有副作用嗎？ zhè zhǒng yào yǒu fù zuò yòng ma? [ジョーァ ジョーン ヤオ ヨウ フゥ ズゥオ ヨーン マー？]

● 身体部位の単語

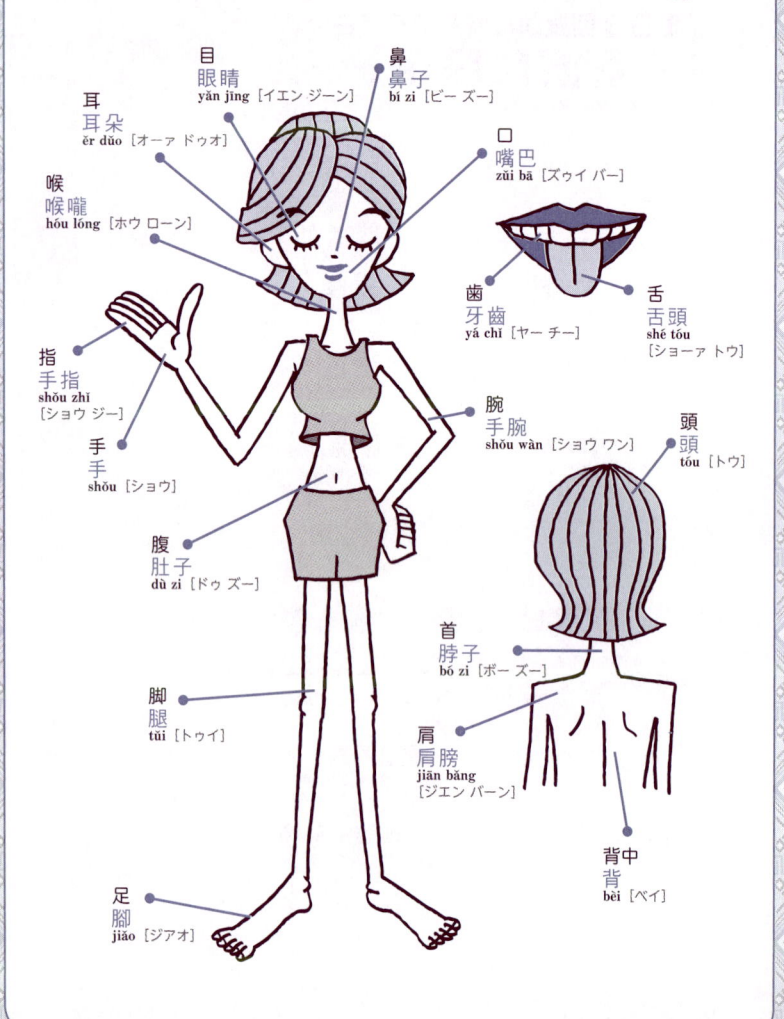

CD2-26

目 眼睛 yǎn jīng [イエン ジーン]

鼻 鼻子 bí zi [ビー ズー]

耳 耳朵 ěr duǒ [オーア ドゥオ]

口 嘴巴 zuǐ bā [ズゥイ バー]

喉 喉嚨 hóu lóng [ホウ ローン]

歯 牙齒 yá chǐ [ヤー チー]

舌 舌頭 shé tóu [ショーア トウ]

指 手指 shǒu zhǐ [ショウ ジー]

手 手 shǒu [ショウ]

腕 手腕 shǒu wàn [ショウ ワン]

頭 頭 tóu [トウ]

腹 肚子 dù zi [ドゥ ズー]

首 脖子 bó zi [ボー ズー]

肩 肩膀 jiān bǎng [ジエン バーン]

脚 腿 tuǐ [トゥイ]

背中 背 bèi [ベイ]

足 脚 jiǎo [ジアオ]

126

単語編

\ すぐに使える /
旅単語集 500

シーンごとに、役立つ単語をまとめました。旅先のさまざまなシーンで使える単語をチェックできます。

✈ 》機内・空港

座席	位子 wèi zi ［ウエイ ズー］
窓側の席	靠窗的座位 kào chuāng de zuò wèi ［カオ チュワーン ドーァ ズゥオ ウエイ］
通路側の席	靠走道的座位 kào zǒu dào de zuò wèi ［カオ ゾウ ダオ ドーァ ズゥオ ウエイ］
化粧室	洗手間 xǐ shǒu jiān ［シイ ショウ ジエン］
非常口	安全門 ān quán mén ［アン チュエン メン］
毛布	毛毯 máo tǎn ［マオ タン］
日本の新聞	日文報紙 rì wén bào zhǐ ［ゥリー ウエン バオ ジー］
日本の雑誌	日文雜誌 rì wén zá zhì ［ゥリー ウエン ザー ジー］
離陸	起飛 qǐ fēi ［チイ フェイ］
着陸	降落 jiàng luò ［ジアーン ルオ］
出発	出發 chū fā ［チュウ ファー］
到着	抵達 dǐ dá ［ディー ダー］
出発時刻	出發時間 chū fā shí jiān ［チュウ ファー シー ジエン］
到着時刻	抵達時間 dǐ dá shí jiān ［ディー ダー シー ジエン］
現地時間	當地時間 dāng dì shí jiān ［ダーン ディー シー ジエン］
飛行時間	飛行時間 fēi xíng shí jiān ［フェイ シーン シー ジエン］
時差	時差 shí chā ［シー チャア］
目的地	目的地 mù dì dì ［ムゥ ディー ディー］
気温	氣溫 qì wēn ［チイ ウエン］
定刻	準點 zhǔn diǎn ［ジュン ディエン］
遅延	誤點 wù diǎn ［ウー ディエン］

すぐに使える 旅単語集500

空港	**機場** jī chǎng [ジー チャーン]
チェックインカウンター	**辦理登機櫃台** bàn lǐ dēng jī guì tái [バン リー ドゥオン ジー グイ タイ]
航空券	**機票** jī piào [ジー ピヤオ]
搭乗口	**登機口** dēng jī kǒu [ドゥオン ジー コウ]
搭乗券	**機票** jī piào [ジー ピヤオ]
便名	**班機** bān jī [バン ジー]
便の変更	**變更班機** biàn gēng bān jī [ビエン グオン バン ジー]
乗り継ぎ	**轉機** zhuǎn jī [ジュワン ジー]
入国審査	**入境審查** rù jìng shěn chá [ウルゥ ジーン シェン チャア]
出国審査	**出關審查** chū guān shěn chá [チュウ グワン シェン チャア]
税関	**海關** hǎi guān [ハイ グワン]
税関申告書	**海關申報表** hǎi guān shēn bào biǎo [ハイ グワン シェン パオ ビヤオ]
持ち込み禁止品	**違禁品** wéi jìn pǐn [ウエイ ジン ピン]
パスポート	**護照** hù zhào [フゥ ジャオ]
姓名	**姓名** xìng míng [シーン ミーン]
国籍	**國籍** guó jí [グオ ジー]
居住国	**居住國** jū zhù guó [ジュイ ジュウ グオ]
ターンテーブル	**行李轉盤** xíng lǐ zhuàn pán [シーン リー ジュワン パン]
荷物受取所	**行李領取處** xíng lǐ lǐng qǔ chù [シーン リー リーン チュイ チュウ]

機内・空港

宿泊

飲食

買い物

観光

トラブル

宿泊

ホテル	飯店 fàn diàn [ファン ディエン]
フロント	櫃台 guì tái [グイ タイ]
ロビー	服務台 fú wù tái [フー ウー タイ]
エレベーター	電梯 diàn tī [ディエン ティー]
エスカレーター	手扶梯 shǒu fú tī [ショー フゥ ティー]
階段	樓梯 lóu tī [ロウ ティー]
中庭	中庭 zhōng tíng [ジョーン ティーン]
予約	預約 yù yuē [ユイ ユエ]
キャンセル	取消 qǔ xiāo [チュイ シヤオ]
チェックイン	check in [チェック イン]
チェックアウト	退房 tùi fáng [トゥイ ファーン]
料金	費用 fèi yòng [フェイ ヨーン]
ホテルの部屋	飯店的房間 fàn diàn de fáng jiān [ファン ディエン ドーァ ファーン ジエン]
シングルルーム	單人房 dān rén fáng [ダン ゥレン ファーン]
ダブルルーム	一大床的雙人房 yī dà chuáng de shuāng rén fáng [イー ダー チュワーン ドーァ シュワーン ゥレン ファーン]
トリプルルーム	三人房 sān rén fáng [サン ゥレン ファーン]
禁煙ルーム	禁菸房 jìn yān fáng [ジン イエン ファーン]
喫煙ルーム	抽菸房 chōu yān fáng [チョウ イエン ファーン]
バスルーム	浴室 yù shì [ユイ シー]
シャワー	淋浴 lín yù [リン ユー]

すぐに使える　旅単語集500

テレビ	電視 diàn shì [ディエン シー]
有料チャネル	付費頻道 fù fèi pín dào [フゥ フェイ ピン ダオ]
エアコン	空調 kōng tiáo [コーン ティヤオ]
ミニバー	冰箱 bīng xiāng [ビーン シアーン]
ベッド	床 chuáng [チュワーン]
枕	枕頭 zhěn tóu [ジェン トウ]
シーツ	床單 chuáng dān [チュワーン ダン]
鍵	鑰匙 yào shi [ヤオ シー]
1階	一樓 yì lóu [イー ロウ]
2階	二樓 è lóu [オーァ ロウ]
3階	三樓 sān lóu [サン ロウ]
最上階	頂樓 dǐng lóu [ディーン ロウ]
会議室	會議室 huì yì shì [ホゥイ イー シー]
宴会場	宴會廳 yàn huì tīng [イエン ホゥイ ティーン]
お手洗い	洗手間 xǐ shǒu jiān [シイ ショウ ジエン]
コーヒーラウンジ	咖啡廳 kā fēi tīng [カー フェイ ティーン]
バー	酒吧 jiǔ ba [ジウ バー]
サウナ	三溫暖 sān wēn nuǎn [サン ウエン ヌワン]
トレーニングジム	健身房 jiàn shēn fáng [ジエン シェン ファーン]
プール	游泳池 yóu yǒng chí [ヨウ ヨーン チー]

機内・空港

宿泊

飲食

買い物

観光

トラブル

🍴 >> 飲食

● 店内の用語　　　　　　　　　　　　　　　　　　　　　　　　　　　CD2-29

メニュー	菜單 cài dān [ツァイ ダン]
一人前	一份 yī fèn [イー フェン]
おすすめ	推薦 tuī jiàn [トゥイ ジエン]
ウエイター／ウエイトレス	服務生 fú wù shēng [フゥ ウー シュヨン]
カロリー	熱量 rè liàng [ゥローァ リヤーン]
灰皿	菸灰缸 yān huī gāng [イエン ホゥイ ガーン]
氷	冰塊 bīng kuài [ビーン クワイ]

● 飲み物／アルコール　　　　　　　　　　　　　　　　　　　　　　　CD2-30

水	水 shuǐ [シュウイ]
ミネラルウォーター	礦泉水 kuàng quán shuǐ [クワーン チュエン シュウイ]
お湯	熱水 rè shuǐ [ゥローァ シュウイ]
コーヒー	咖啡 kā fēi [カー フェイ]
カフェオレ	咖啡牛奶 kā fēi niú nǎi [カー フェイ ニウ ナイ]
ブラックコーヒー	美式咖啡 měi shì gā kā fēi [メイ シー ガー カー フェイ]
アイスコーヒー	冰咖啡 bīng gā kā fēi [ビーン ガー カー フェイ]
紅茶	紅茶 hóng chá [ホーン チャア]
凍頂烏龍茶	凍頂烏龍茶 dòng dǐng wū lóng chá [ドーン ディーン ウー ローン チャア]
東方美人茶	東方美人茶 dōng fāng měi rén chá [ドーン ファーン メイ ゥレン チャア]
高山茶	高山茶 gāo shān chá [ガオ シャン チャア]
レモンティー	檸檬茶 níng méng chá [ニーン ムオン チャア]

すぐに使える　旅単語集500

ミルクティー	奶茶 nǎi chá [ナイ チャア]
タピオカミルクティー	珍珠奶茶 zhēn zhū nǎi chá [ジェン ジュウ ナイ チャア]
緑茶	綠茶 lǜ chá [ルゥィ チャア]
プーアールチャ	普洱茶 pǔ ěr chá [プゥ オーア チャア]
金せん茶	金萱茶 jīn xuān chá [ジン シュエン チャア]
ジャスミン茶	茉莉花茶 mò lì huā chá [モー リー ホワ チャア]
フルーツティー	水果茶 shuǐ guǒ chá [シュウイ グオ チャア]
オレンジジュース	柳橙汁 liǔ chéng zhī [リウ チュヨン ジー]
スイートオレンジジュース	柳丁汁 liǔ dīng zhī [リウ ディーン ジー]
マンゴージュース	芒果汁 máng guǒ zhī [マーン グオ ジー]
スイカジュース	西瓜汁 xī guā zhī [シイ グワ ジー]
サトウキビジュース	甘蔗汁 gān zhè zhī [ガン ジョーア ジー]
ヤクルト	養樂多 yǎng lè duō [ヤーン ローア ドゥオ]
コカコーラ	可口可樂 kě kǒu kě lè [コーア コウ コーア ローア]
スプライト	雪碧 xuě bì [シュエ ビー]
カルピス	可爾必思 kě ěr bì sī [コーア オーア ビー スー]
牛乳	牛奶 niú nǎi [ニウ ナイ]
台湾ビール	台灣啤酒 tái wān pí jiǔ [タイ ワン ピー ジウ]
紹興酒	紹興酒 shào xīng jiǔ [シャオ シーン ジウ]
高粱酒（こうりゃんしゅ）	高粱酒 gāo liáng jiǔ [ガオ リヤーン ジウ]
カクテル	調酒 diào jiǔ [ディヤオ ジウ]

● デザート／お菓子

デザート	甜點 tián diǎn [ティエン ディエン]
タピオカココナッツ	西米露 xī mǐ lù [シイ ミー ルゥ]
タピオカ風デザート	青蛙下蛋 qīng wā xià dàn [チーン ワー シア ダン]
豆腐プリン	豆花 dòu huā [ドウ ホワ]
杏仁豆腐	杏仁豆腐 xìng rén dòu fǔ [シーン ゥレン ドウ フゥ]
プリン	布丁 bù dīng [ブゥ ディーン]
ヨーグルト	優酪乳 yōu luò rǔ [ヨウ ルオ ゥルゥ]
仙草ゼリー	仙草 xiān cǎo [シエン ツァオ]
マンゴーアイス	芒果冰 máng guǒ bīng [マーン グオ ビーン]
アイギョクシ	愛玉 ài yù [アイ ユイ]
ゼリー	果凍 guǒ dòng [グオ ドーン]
アイスクリーム	冰淇淋 bīng qí lín [ビーン チイ リン]
ソフトクリーム	霜淇淋 shuāng qí lín [シュワーン チイ リン]
かき氷	刨冰 bào bīng [パオ ビーン]
台湾式ふわふわかき氷	雪花冰 xuě huā bīng [シュエ ホワ ビーン]
チョコレート	巧克力 qiǎo kè lì [チヤオ コーァ リー]
ドーナツ	甜甜圏 tián tián quān [ティエン ティエン チュエン]
クッキー	餅乾 bǐng gān [ビーン ガン]
ケーキ	蛋糕 dàn gāo [ダン ガオ]
パイナップルケーキ	鳳梨酥 fèng lí sū [フォン リー スー]

すぐに使える 旅単語集500

● 果物

マンゴー	芒果 máng guǒ [マーン グオ]
イチゴ	草莓 cǎo méi [ツァオ メイ]
オレンジ	柳橙 liǔ chéng [リウ チュヨン]
さくらんぼ	櫻桃 yīng táo [イーン タオ]
バナナ	香蕉 xiāng jiāo [シアーン ジアオ]
ぶどう	葡萄 pú táo [プゥ タオ]
ライチ	荔枝 lì zhī [リー ジー]
りんご	蘋果 píng guǒ [ピーン グオ]
レモン	檸檬 níng méng [ニーン ムオン]
パパイヤ	木瓜 mù guā [ムゥ グワ]
グアバ	芭樂 bā lè [バー ローァ]
メロン	哈密瓜 hā mì guā [ハー ミー グワ]
スイカ	西瓜 xī guā [シイ グワ]
シャカトウ	釋迦 shì jiā [シー ジア]
スターフルーツ	楊桃 yáng táo [ヤーン タオ]
パイナップル	鳳梨 fèng lí [フオン リー]
キウイフルーツ	奇異果 qí yì guǒ [チイ イー グオ]
グレープフルーツ	葡萄柚 pú táo yòu [プゥ タオ ヨウ]
パッションフルーツ	百香果 bǎi xiāng guǒ [バイ シアーン グオ]
ドリアン	榴槤 liú lián [リィゥ リィエン]

● 調味料

塩	鹽 yán [ヤン]
砂糖	糖 táng [イエン]
ごま油	麻油 má yóu [マー ヨウ]
醤油	醤油 jiàng yóu [ジアーン ヨウ]
豆板醤	豆瓣醤 dòu bàn jiàng [ドウ バン ジアーン]
胡椒	胡椒 hú jiāo [ホゥ ジアオ]
酢	醋 cù [ツゥ]
唐辛子	辣椒 là jiāo [ラー ジアオ]
甘辛ソース	甜辣醤 tián là jiàng [ティエン ラー ジアーン]
はちみつ	蜂蜜 fēng mì [フオン ミー]
わさび	芥末 jiè mò [ジエ モー]
バター	奶油 nǎi yóu [ナイ ヨウ]
マヨネーズ	美乃滋 měi nǎi zī [メイ ナイ ズー]

● 味付け

甘い	甜 tián [ティエン]
辛い	辣 là [ラー]
しょっぱい	鹹 xián [シエン]
酸っぱい	酸 suān [スワン]
苦い	苦 kǔ [クゥ]
脂っこい	油膩 yóu nì [ヨウ ニー]
あっさり	清淡 qīng dàn [チーン ダン]

すぐに使える　旅単語集500

● 具材

空芯菜（くうしんさい）	空心菜 kōng xīn cài [コーン シン ツァイ]
ほうれん草	菠菜 bō cài [ボー ツァイ]
白菜	大白菜 dà bái cài [ダー バイ ツァイ]
トマト	番茄 fān qié [ファン チエ]
なす	茄子 qié zi [チエ ズー]
にんにく	蒜頭（大蒜） suàn tóu(dà suàn) [スワン トウ（ダー スワン）]
バジル	九層塔 jiǔ céng tǎ [ジウ ツオン ター]
キャベツ	高麗菜 gāo lì cài [ガオ リー ツァイ]
玉ねぎ	洋蔥 yáng cōng [ヤン コン]
にんじん	胡蘿蔔 hú luó bo [ホゥ ルオ ボー]
パクチー	香菜 xiāng cài [シアーン ツァイ]
もやし	豆芽菜 dòu yá cài [ドウ ヤー ツァイ]
にら	韭菜 jiǔ cài [ジウ ツァイ]
ねぎ	蔥 cōng [ツオーン]
牛肉	牛肉 niú ròu [ニウ ゥロウ]
豚肉	猪肉 zhū ròu [ジュウ ゥロウ]
鶏肉	雞肉 jī ròu [ジー ゥロウ]
マグロ	鮪魚 wěi yú [ウエイ ユイ]
カニ	螃蟹 páng xiè [パーン シエ]
牡蠣	牡蠣 mǔ lì [ムゥ リー]

● 調理法

鉄板で焼く	煎 jiān [ジエン]
オーブンで焼く	烤 kǎo [カオ]
炒める	炒 chǎo [チャオ]
揚げる	炸 zhá [ジャア]
蒸す	清蒸 qīng zhēng [チーン ジュヨン]
煮込む	燉 dùn [ドゥン]
塩漬けにした	醃 yān [イエン]
薫製にした	煙燻 yān xūn [イエン シュイン]

● 料理

牡蠣のオムレツ	蚵仔煎 ô á jiān [オー アー ジエン]
牡蠣入りそうめん	蚵仔麵線 ô á miàn xiàn [オー アー ミエン シエン]
牡蠣のスープ	蚵仔湯 ô á tāng [オー アー タン]
タンメン	湯麵 tāng miàn [ターン ミエン]
まぜそば	乾麵 gān miàn [ガン ミエン]
焼きビーフン	炒米粉 chǎo mǐ fěn [チャオ ミー フェン]
ビーフンのスープ	米粉湯 mǐ fěn tāng [ミー フェン ターン]
チャーハン	炒飯 chǎo fàn [チャオ ファン]
水餃子	水餃 shuǐ jiǎo [シュイ ジアオ]
焼き餃子	鍋貼 guō tiē [グオ ティエ]
小籠包	小籠包 xiǎo lóng bāo [シャオ ローン バオ]
肉まん	肉包 ròu bāo [ロウ バオ]

すぐに使える 旅単語集500

白菜の漬物と豚バラ肉の鍋	酸菜白肉鍋 suān cài bái ròu guō [スワン ツァイ バイ ゥロウ グオ]
麻婆豆腐	麻婆豆腐 má pó dòu fǔ [マー ポー ドウ フゥ]
タンピン（台湾風卵焼き）	蛋餅 dàn bǐng [ダン ビン]
ルーローハン	魯肉飯 lǔ ròu fàn [ルー ロウ ファン]
肉入り餅	肉圓 ròu yuán [ゥロウ ユエン]
豚肉入りもちご飯	米糕 mǐ gāo [ミー ガオ]
エビの包み上げ	蝦捲 xiā juǎn [シア ジュエ]
イカ入りとろみスープ	花枝羹 huā zhī gēng [ホワ ジー グオン]
牛肉麺	牛肉麵 niú ròu miàn [ニウ ゥロウ ミエン]
臭豆腐（しゅうどうふ）	臭豆腐 chòu dòu fǔ [チョウ ドウ フゥ]
ちまき	粽子（肉粽） zòng zi (ròu zòng) [ゾーン ズー（ゥロウ ゾーン）]
台湾おにぎり	飯糰 fàn tuán [ファン トワン]
台湾風揚げ物	鹽酥雞 yán sū jī [イエン スゥ ジー]
台湾風バーガー	割包 guà bāo [ゴーァ バオ]
台湾ソーセージ	香腸 xiāng cháng [シアーン チャーン]
台湾風チャーシュー	紅燒肉 hóng shāo ròu [ホン シャオ ロウ]
刺身	生魚片 shēng yú piàn [シュヨン ユイ ピエン]
焼き魚	烤魚 kǎo yú [カオ ユイ]
チキンカツ	雞排 jī pái [ジー パイ]
揚げパン	油條 yóu tiáo [ヨウ ティヤオ]

🛍 » 買い物

● 店舗

夜市	夜市 yè shì [イエ シー]
スーパーマーケット	超市 chāo shì [チャオ シー]
商店街	商店街 shāng diàn jiē [シャーン ディエン ジエ]
ショッピングモール	大賣場 dà mài chǎng [ダー マイ チャーン]
デパート	百貨公司 bǎi huò gōng sī [バイ ホオ ゴーン スー]
お茶の専門店	茶葉行 chá yè háng [チャア イエ ハーン]
土産物屋	土產店 tǔ chǎn diàn [トゥ チャン ディエン]
免税店	免稅店 miǎn shuì diàn [ミエン シュウイ ディエン]

● 商品

パソコン	電腦 diàn nǎo [ディエン ナオ]
家電	家電 jiā diàn [ジア ディエン]
食器	餐具 cān jù [ツァン ジュイ]
お箸	筷子 kuài zi [クワイ ズー]
スプーン	湯匙 tāng shi [ターン シー]
マグカップ	馬克杯 mǎ kè bēi [マー コーァ ベイ]
キーホルダー	鑰匙圈 yào shi quān [ヤオ シー チュエン]
バッグ	包包 bāo bāo [バオ バオ]
ショルダーバッグ	肩背包 jiān bēi bāo [ジエン ベイ バオ]
ハンドバッグ	手提包 shǒu tí bāo [ショウ ティー バオ]
トートバッグ	托特包 tuō tè bāo [トゥオ トーァ バオ]

すぐに使える 旅単語集500

スーツケース	行李箱 xíng li xiāng [シーン リー シアーン]
リュック	背包 bēi bāo [ベイ バオ]
スニーカー	球鞋 qiú xié [チウ シエ]
サンダル	拖鞋 tuō xié [トゥオ シエ]
ブーツ	靴子 xuē zi [シュエ ズー]
財布	錢包 qián bāo [チエン バオ]
小銭入れ	零錢包 líng qián bāo [リーン チエン バオ]
ハンカチ	手帕 shǒu pà [ショウ パー]
スカーフ	絲巾 sī jīn [スー ジン]
マフラー	圍巾 wéi jīn [ウエイ ジン]
ネクタイ	領帶 lǐng dài [リーン ダイ]
手袋	手套 shǒu tào [ショウ タオ]
傘	傘 sǎn [サン]
折りたたみ傘	折傘 zhé sǎn [ジョーア サン]
帽子	帽子 mào zi [マオ ズー]
サングラス	墨鏡 mò jìng [モー ジーン]
ベルト	皮帶 pí dài [ピー ダイ]
携帯電話のケース	手機套 shǒu jī tào [ショウ ジー タオ]
ストラップ	手機吊飾 shǒu jī diào shì [ショウ ジー ディヤオ シー]
イヤホンジャックカバー	耳機塞 ěr jī sāi [オーア ジー サイ]
腕時計	手錶 shǒu biǎo [ショウ ビヤオ]

141

アクセサリー	珠寶 zhū bǎo [ジュウ バオ]
ネックレス	項鍊 xiàng liàn [シアーン リエン]
ピアス	耳環 ě huán [オーァ ホワン]
指輪	戒指 jiè zhǐ [ジエ ジー]
化粧品	化妝品 huà zhuāng pǐn [ホワ ジュワーン ピン]
香水	香水 xiāng shuǐ [シアーン シュウイ]
乳液	乳液 rǔ yì [ゥルゥ イー]
メイク落とし	卸妝油 xiè zhuāng yóu [シエ ジュワーン ヨウ]
保湿クリーム	保濕乳液 bǎo shī rǔ yè [バオ シー ゥルゥ イエ]
ファンデーション	粉底 fěn dǐ [フェン ディー]
口紅	口紅 kǒu hóng [コウ ホーン]
日焼け止めクリーム	防曬油 fáng shài yóu [ファーン シャイ ヨウ]
ポストカード	明信片 míng xìn piàn [ミーン シン ピエン]
歯ブラシ	牙刷 yá shuā [ヤー シュワ]
歯磨き粉	牙膏 yá gāo [ヤー ガオ]
シャンプー	洗髮精 xǐ fǎ jīng [シイ ファー ジーン]
リンス	潤絲精 rùn sī jīng [ゥルン スー ジーン]
タオル	毛巾 máo jīn [マオ ジン]
電池	電池 diàn chí [ディエン チー]
ティッシュ	面紙 miàn zhǐ [ミエン ジー]

すぐに使える 旅単語集500

● 衣類（種類）

ジャケット	外套 wài tào [ワイ タオ]
スーツ	西裝 xī zhuāng [シイ ジュワーン]
ワイシャツ	襯衫 chèn shān [チェン シャン]
ワンピース	洋裝 yáng zhuāng [ヤーン ジュワーン]
パンツ	長褲 cháng kù [チャーン クゥ]
ショートパンツ	短褲 duǎn kù [ドワン クゥ]
ジーンズ	牛仔褲 niú zǎi kù [ニウ ザイ クゥ]
スカート	裙子 qún zi [チュインズー]
セーター	毛衣 máo yī [マオ イー]
コート	大衣 dà yī [ダー イー]

● 衣類（色）

赤	紅 hóng [ホーン]
黄色	黃 huáng [ホワーン]
緑	綠 lǜ [ルウィ]
青	藍 lán [ラン]
ピンク	粉紅 fěn hóng [フェン ホーン]
黒	黑 hēi [ヘイ]
白	白 bái [バイ]
紫	紫 zǐ [ズー]
グレー	灰 huī [ホゥイ]
ベージュ	米 mǐ [ミー]

● 衣類（デザイン） CD2-43

Vネック	V領 v lǐng [ブイ リーン]
丸首	圓領 yuán lǐng [ユエン リーン]
タートルネック	高領 gāo lǐng [ガオ リーン]
半袖	短袖 duǎn xiù [ドワン シウ]
長袖	長袖 cháng xiù [チャーン シウ]
七分袖	七分袖 qī fēn xiù [チイ フェン シウ]
ノースリーブ	無袖 wú xiù [ウー シウ]
ドット（水玉模様）の	圓點 yuán diǎn [ユエン ディエン]

● 衣類（素材・サイズ） CD2-44

シルク	絲質 sī zhí [スー ジー]
綿	棉料 mián liào [ミエン リヤオ]
麻	麻料 má liào [マー リヤオ]
ウール	毛料 máo liào [マオ リヤオ]
革	皮 pí [ピー]
カシミア	喀什米爾 kā shén mǐ ě [カー シェン ミー オーァ]
毛皮	真皮 zhēn pí [ジェン ピー]
合成繊維	化學纖維 huà xué xiān wéi [ホワ シュエ シエン ウエイ]
これより小さいもの	小一點 xiǎo yì diǎn [シヤオ イー ディエン]
これより大きいもの	大一點 dà yì diǎn [ダー イー ディエン]
これより長いもの	長一點 cháng yì diǎn [チャーン イー ディエン]
これより短いもの	短一點 duǎn yì diǎn [ドワン イー ディエン]

観光

すぐに使える 旅単語集500

● 観光スポット

故宮博物院(こきゅうはくぶついん)	故宮博物院 gù gōng bó wù yuan [グゥ ゴーン ボー ウー ユエン]
国立台湾歴史博物館	國立台灣歷史博物館 guó lì tái wān lì shǐ bó wù guǎn [グオ リー タイ ワン リー シー ボー ウー グワン]
台北二二八紀念館	台北二二八紀念館 tái běi èr èr bā jì niàn guǎn [タイ ペイ オーァ オーァ バー ジー ニエン グワン]
北投(ほくとう)温泉博物館	北投溫泉博物館 běi tóu wēn quán bó wù guǎn [ペイ トウ ウエン チュエン ボー ウー グワン]
総統府(そうとうふ)	總統府 zǒng tǒng fǔ [ゾーン トーン フゥ]
台北101	台北一〇一 tái běi yī líng yī [ペイ イー リーン イー]
中正紀念堂(ちゅうせいきねんどう)	中正紀念堂 zhōng zhèng jì niàn tang [ジョーン ジュヨン ジー ニエン ターン]
墾丁(こんてい)国家公園	墾丁國家公園 kěn dīng guó jiā gōng yuan [ケン ディーン グオ ジア ゴーン ユエン]
龍山寺(りゅうざんじ)	龍山寺 lóng shān sì [ローン シャン スー]
紅毛城(こうもうじょう)	紅毛城 hóng máo chéng [ホーン マオ チュヨン]
士林(しりん)夜市	士林夜市 shì lín yè shì [シー リン イエ シー]
逢甲(ほうこう)夜市	逢甲夜市 féng jiǎ yè shì [フオン ジア イエ シー]
廟口(びょうこう)夜市	廟口夜市 miào kǒu yè shì [ミィアオ コウ イェ シー]
六合(ろくごう)夜市	六合夜市 liù hé yè shì [リウ ホーァ イエ シー]
饒河(じょうが)夜市	饒河夜市 ráo hé yè shì [ウラオ ホーァ イエ シー]
迪化街(てきかがい)	迪化街 dí huà jiē [ディー ホワ ジエ]
九份(きゅうふん)	九份 jiǔ fèn [ジウ フェン]
赤崁楼(せきかんろう)	赤崁樓 chì kǎn lóu [チー カン ロウ]
淡水(たんすい)	淡水 dàn shuǐ [ダン シュウイ]
公館(こうかん)	公館 gōng guǎn [ゴーン グワン]

猫空（マオコン）	貓空 māo kōng ［マオ コーン］
猫空（マオコン）ロープウェイ	貓空纜車 māo kōng lǎn chē ［マオ コン ラン チェァ］
忠烈祠（ちゅうれつし）	忠烈祠 zhōng liè cí ［ジョーン リエ ツー］
陽明山（ようめいさん）	陽明山 yáng míng shān ［ヤーン ミーン シャン］
日月潭（にちげつたん）	日月潭 rì yuè tán ［ウリー ユエ タン］
太魯閣峡谷（たろこきょうこく）	太魯閣峽谷 tài lǔ gé xiá gǔ ［タイ ルゥ ゴァ シア グゥ］
烏来（うーらい）	烏來 wū lái ［ウー ライ］
阿里山（ありさん）	阿里山 ā lǐ shān ［アー リー シャン］
中正（ちゅうせい）公園	中正公園 zhōng zhèng gōng yuán ［ヂョン ヂォン ゴン ユエン］
行天宮（ぎょうてんぐう）	行天宮 háng tiān gong ［ハン ティェン ゴン］
西門町（せいもんちょう）	西門町 xī mén tīng ［シイ メン ティーン］
平渓（へいけい）	平溪 píng xī ［ピーン シイ］
知本（ちもと）温泉	知本溫泉 zhī běn wēn quán ［ヂー ベン ウェン チュエン］
烏山頭（うさんとう）ダム	烏山頭水庫 wū shān tóu shuǐ kù ［ウー シャン トウ シュイ クー］
石門（せきもん）ダム	石門水庫 shí mén shuǐ kù ［シー メン シュイ クー］
亀山島（かめやまじま）	龜山島 guī shān dǎo ［グイ シャン ダオ］
蘇澳冷泉（すおうれいせん）	蘇澳冷泉 sū ào lěng quán ［スー アオ ロン チュエン］
西子湾（せいしわん）	西子灣 xī zi wān ［シー ズー ワン］
小琉球（しょうりゅうきゅう）	小琉球 xiǎo liú qiú ［シアオ リィウ チィウ］
金門（きんもん）	金門 jīn mén ［ジン メン］

すぐに使える 旅単語集500

● 都市名

台北市	台北市 tái běi shì [タイ ペイ シー]
高雄（カオシュン）市	高雄市 gāo xióng shì [ガオ シオーン シー]
台中（タイジョン）市	台中市 tái zhōng shì [タイ ジョーン シー]
新北（シンペイ）市	新北市 xīn běi shì [シン ペイ シー]
桃園（とうえん）市	桃園市 táo yuán shì [タオ ユエン シー]
台南（たいなん）市	台南市 tái nán shì [タイ ナン シー]
新竹（しんちく）市	新竹市 xīn zhú shì [シン ジュウ シー]
基隆（キールン）市	基隆市 jī lóng shì [ジー ローン シー]
嘉義（かぎ）市	嘉義市 jiā yì shì [ジア イー シー]
屏東（へいとう）県	屏東縣 píng dōng xiàn [ピーン ドーン シエン]
新竹（しんちく）県	新竹縣 xīn zhú xiàn [シン ジュウ シエン]
彰化（しょうか）県	彰化縣 zhāng huà xiàn [ジャーン ホワ シエン]
宜蘭（ぎらん）県	宜蘭縣 yí lán xiàn [イー ラン シエン]
台東（たいとう）県	台東縣 tái dōng xiàn [タイ ドーン シエン]
花蓮（かれん）県	花蓮縣 huā lián xià [ホワ リエン シア]
雲林（うんりん）県	雲林縣 yún lín xiàn [ユイン リン シエン]
苗栗（びょうりつ）県	苗栗縣 miáo lì xiàn [ミヤオ リー シエン]
澎湖（ほうこ）県	澎湖縣 pén hú xiàn [ポン フー シエン]
南投（なんとう）県	南投縣 nán tóu xiàn [ナン トウ シエン]

● 街角の単語

（電車・地下鉄の）駅	車站 chē zhàn ［チョーア ジャン］
MRTの駅	捷運站 jié yùn zhàn ［ジエ ユイン ジャン］
バス停	公車站 gōng chē zhàn ［ゴーン チョーア ジャン］
タクシー乗り場	計程車招呼站 jì chéng chē zhāo hū zhàn ［ジー チュヨン チョーア ジャオ ホゥ ジャン］
車	車 chē ［チョーア］
自転車	腳踏車 jiǎo tà chē ［ジアオ ター チョーア］
通り	街 jiē ［ジエ］
大通り	大馬路 dà mǎ lù ［ダー マー ルゥ］
横断歩道	斑馬線 bān mǎ xiàn ［バン マー シエン］
信号	紅綠燈 hóng lǜ dēng ［ホーン ルゥイ ドゥオン］
歩道	人行道 rén xíng dào ［ゥレン シーン ダオ］
区画	地區 dì qū ［ディー チュイ］
広場	廣場 guǎng chǎng ［グワーン チャーン］
公園	公園 gōng yuán ［ゴーン ユエン］
噴水	噴水 pēn shuǐ ［ペン シュウイ］
橋	橋 qiáo ［チヤオ］
船	船 chuán ［チュワン］
教会	教會 jiào huì ［ジアオ ホゥイ］
入口	入口 rù kǒu ［ゥルゥ コウ］
出口	出口 chū kǒu ［チュウ コウ］

》トラブル

すぐに使える 旅単語集500

● 緊急事態

警察署	警察局 jǐng chá jú [ジーン チャア ジュイ]
盗難	失竊 shī qiè [シー チエ]
紛失	遺失 yí shī [イー シー]
スリ	扒手 pá shǒu [パー ショウ]
詐欺	詐騙 zhà piàn [ジャア ピエン]
交通ストライキ	交通罷工 jiāo tōng bà gōng [ジアオ トーン バー ゴーン]
遅れている	誤點 wù diǎn [ウー ディエン]
交通事故	交通事故 jiāo tōng shì gù [ジアオ トーン シー グゥ]
転ぶ	跌倒 diē dǎo [ディエ ダオ]
怪我をする	受傷 shòu shāng [ショウ シャーン]
火事	火災 huǒ zāi [ホオ ザイ]
消防隊	消防隊 xiāo fáng duì [シヤオ ファーン ドゥイ]
救急車	救護車 jiù hù chē [ジウ ホゥ チョーア]
病院	醫院 yī yuàn [イー ユエン]
盗難保険	失竊保險 shī qiè bǎo xiǎn [シー チエ バオ シエン]
傷害保険	意外傷害保險 yì wài shāng hài bǎo xiǎn [イー ワイ シャーン ハイ バオ シエン]
保険会社	保險公司 bǎo xiǎn gōng sī [バオ シエン ゴーン スー]
クレジットカードを無効にする	掛失信用卡 guà shī xìn yòng kǎ [グワ シー シン ヨーン カー]
日本交流協会	日本交流會 rì běn jiāo liú xié huì [ゥリー ベン ジアオ リウ シエ ホゥ]
旅行会社	旅行社 lǚ xíng shè [ルゥィ シーン ショーア]

● 病気や怪我をしたとき

医者	醫生 yī sheng [イー シュヨン]
歯医者	牙醫 yá yī [ヤー イー]
看護師	護士 hù shi [ホゥ シー]
入院	住院 zhù yuan [ジュウ ユエン]
内科	内科 nèi kē [ネイ コーァ]
外科	外科 wài kē [ワイ コーァ]
歯科	牙科 yá kē [ヤー コーァ]
眼科	眼科 yǎn kē [イエン コーァ]
小児科	小兒科 xiǎo ér kē [シヤオ オーァ コーァ]
婦人科	婦產科 fù chǎn kē [フゥ チャン コーァ]
血液型	血型 xiě xíng [シエ シーン]
高血圧	高血壓 gāo xiě yā [ガオ シエ ヤー]
低血圧	低血壓 dī xiě yā [ディー シエ ヤー]
めまいがする	頭暈 tóu yūn [トウ ユイン]
吐き気がする	想吐 xiǎng tù [シアーン トゥ]
寒気がする	發冷 fā lěng [ファー レン]
食欲がない	沒食欲 méi shí yù [メイ シー ユイ]
頭が痛い	頭痛 tóu tòng [トウ トーン]
喉が痛い	喉嚨痛 hóu lóng tòng [ホウ ローン トーン]
お腹が痛い	肚子痛 dù zi tòng [ドゥ ズー トーン]

すぐに使える 旅単語集500

背中が痛い	背部痛 bēi bù tòng [ベイ ブゥ トーン]
歯が痛い	牙痛 yá tòng [ヤー トーン]
熱がある	發燒 fā shāo [ファー シャオ]
咳が出る	咳嗽 ké sòu [コーァ ソウ]
鼻水が出る	流鼻水 liú bí shuǐ [リウ ビー シュウイ]
下痢している	拉肚子 lā dù zi [ラー ドゥ ズー]
風邪	感冒 gǎn mào [ガン マオ]
インフルエンザ	流感 liú gǎn [リウ ガン]
食中毒	食物中毒 shí wù zhòng dú [シー ウー ジョーン ドゥ]
炎症	發炎 fā yán [ファー イエン]
発作	發作 fā zuò [ファー ズゥオ]
喘息	氣喘 qì chuǎn [チイ チュワン]
捻挫	扭傷 niǔ shāng [ニウ シャーン]
骨折	骨折 gǔ zhé [グゥ ジョーァ]
胃腸炎	腸胃炎 cháng wèi yán [チャーン ウエイ イエン]
糖尿病	糖尿病 táng niào bìng [ターン ニヤオ ビーン]
外傷	外傷 wài shāng [ワイ シャーン]
目薬	眼藥水 yǎn yào shuǐ [イエン ヤオ シュウイ]
抗生物質	抗生素 kàng shēng sù [カーン シュヨン スゥ]
処方箋	處方籤 chǔ fāng qiān [チュウ ファーン チエン]

カンタン便利な台湾華語フレーズ

CD2-51

あなたの名前は何ですか?	你叫什麼名字? nǐ jiào shén me míng zì [ニー ジアオ シェン モーァ ミーン ズー]
私の名前は～です。	我叫～。 wǒ jiào [ウォ ジアオ]
そして、あなたは?	你呢? nǐ ne [ニー ノーァ]

どこから来ましたか?	你從哪裡来的? nǐ cóng nǎ lǐ lái de [ニー ツォーン ナー リー ライ ドーァ]
日本から来ました。	我從日本来的。 wǒ cóng rì běn lái de [ウォ ツォーン ゥリー ベン ライ ドーァ]

私は日本人です。	我是日本人。 wǒ shì rì běn rén [ウォ シー ゥリー ベン ゥレン]
私は20才です。	我二十歲了。 wǒ è shí suì le [ウォ オーァ シー スゥイ ローァ]

ありがとう!	謝謝。 xiè xiè [シエ シエ]
どういたしまして。	不客氣。 bú kè qì [ブゥ コーァ チイ]

はい、お願いします。	麻煩你了。 má fán nǐ le [マー ファン ニー ローァ]
いいえ、結構です。	不用了,謝謝。 bú yòng le xiè xiè [ブゥ ヨーン ローァ シエ シエ]

おはようございます。	早安。 zǎo ān [ザオ アン]
こんにちは。	午安 wǔ ān [ウー アン]
こんばんは。	晚安 wǎn ān [ワン アン]

すみません。	不好意思 bù hǎo yì sī [ブゥ ハオ イー スー]
なんでしょうか?	是什麼呢? shì shén me ne? [シー シェン モーァ ノーァ ?]

もう一度言ってもらえますか?	可以請你再說一次嗎? kě yǐ qǐng nǐ zài shuō yí cì ma? [コーァ イー チーン ニー ザイ シュオ イー ツー マー?]
～へようこそいらっしゃいました。	歡迎你來～。 huān yíng nǐ lái [ホワン イーン ニー ライ]
どうぞ。	請。 qǐng [チーン]

いくらですか?	多少錢? duō shǎo qián [ドゥオ シャオ チエン]
これください。	我要這個。 wǒ yào zhè gè [ウォ ヤオ ジョーァ ゴーァ]

さくいん

【あ】

アイギョクシ	134
アイスクリーム	134
アイスコーヒー	132
アイスティー	70
空いている部屋	62
アイロン	57/60
青	87/143
赤	42/87/143
赤ワイン	36
秋	32
アクセサリー	81/92/142
揚げパン	59/139
揚げる	74/138
朝	26
脚・足	126
味が濃い	76/78
明日	32
預けておいた荷物	62
頭	122/126
頭が痛い	37/150
新しいタオル	9
熱い	76
あっさり	136
暑すぎ	64
あなたのファンです	106
危ない	114
脂っこい	76/136
甘い	14/76/136
甘辛ソース	136
あまり良くないレストラン	67
ありがとうございます	18
阿里山(ありさん)	100/146
歩きやすい靴	89
案内所	45
案内図	108
杏仁豆腐	134
いいえ	19
イージーカード	104
イカスミとろみスープ	59
いくら	19/48/98/152
居酒屋	67
医者	115/150
椅子	60
痛いです!	114
痛み止め	124
炒める	74/138
一元	23
一人前	23/132
市場	102
一番安い席	110
一番安い部屋	50
一枚	23
胃腸炎	151
一緒に写真を撮って	109
一緒に包んで	96
一泊あたり	51
今	32
イヤホン	34
イヤホンジャックカバー	91/141
入口	16/148
インターネット	10/63/64
インフルエンザ	151
烏龍茶	36
烏龍茶クッキー	82
上	28
烏山頭(うさんとう)ダム	146
後ろ	28
腕	126
腕時計	92/117/141
海が見える部屋	50
烏来(うーらい)	146
雲林(うんりん)	147
エアコン	60/63/131
英語のメニュー	68
エキストラベッド	51
エコノミー(のチケット)	104
エスカレーター	130
エステ	52
エビの包み上げ	139
MRTの駅	12/46/116/148
エレベーター	56/131
宴会場	56/131
炎症	151
円を台湾ドルに両替	10
おいしい	76
おいしいレストラン	67
横断歩道	148
往復	104
大きい	13/88/144
大通り	148
オーブンで焼く	138
お菓子	43
お勘定	78
遅れている	149
おしゃれなレストラン	67
おしゃれなバー	67
おすすめの店	66
お茶の専門店	80/140
おつまみ	71
おつりはとっておいて	48
お手洗い	37/56/131
大人1枚	8/104/107
お腹が痛い	122/123/150
お土産	43/80/102/140
お土産店	140
お酒	64/132
折りたたみ傘	90/141
降ります	105
オレンジジュース	36/59/133
終わる	17

【か】

カーテン	60
カート	41/45
会議室	52/56/131
会社員	40
外傷	151
階段	130
ガイド	115/119
ガイド付き見学	119
高雄(カオシュン)	46/101/147
鏡	61/84
牡蠣	137
牡蠣入りそうめん	71/138
かき氷	134
牡蠣のオムレツ	71/138
牡蠣のスープ	138
鍵	55/63/64/117/131
嘉義(かぎ)	147
学生	40/107
傘	90/141
火事	114/149
風邪	151
風邪薬	124
家族	115/118
肩	126
片道	104
カニ	137
カミソリ	61
紙袋に入れて	96
亀山島(かめやまじま)	146
火曜日	31
辛い	76/136
花蓮(かれん)	101/147
カレンダー	91
カロリー	78
革	42/86/144
眼科	150
観光	39
観光案内所	102
黄	87/143
キーホルダー	91/140
基隆(きーるん)	147
気温	128
危険	114
喫煙ルーム	50
切手	13
切符売り場	16
来てください	104
昨日	32/122
ギフト用に包んで	96
気分が良くない(悪い)	37/121
客室係	53
キャンセル	54/130
救急車	149
球場	112/116
牛肉	35/137
牛肉麺	71/139
牛乳	59/133
九分(きゅうふん)	100/145
救命胴衣	38
今日	32
餃河(ぎょうが)夜市	145
行天宮(ぎょうてんぐう)	145
居住国	129
去年	32
宜蘭(ぎらん)	147
銀色(シルバーの)	42
禁煙ルーム	50
銀行	12/44
金色	133
金門(きんもん)	146
金曜日	31
グアバ	135
空港	129
空港行きの	105
空心菜(くうしんさい)	137
空腹時に	123
薬アレルギー	123
口	126
口紅	93/142
首	126
グラス	77
車	148
車の事故	149
グレー	87/143
クレジットカード	54/98/117
クレジットカードを無効に	120/149
黒	42/87/143
クローゼット	60
薫製にした	138
警察	106/115/118/120/149
計算ミス	78
軽食堂	66
携帯電話	117
ケーキ	134
ケーブルカー	102
外科	150
けが	121
今月	32
化粧室	128
化粧品	43/81/142
血液型	123/150
月餅	82
月曜日	31
解熱剤	124
下痢	151
現金	54
現地時間	128
公園	116/148
公館(こうかん)	100/145
航空券	117/129
高血圧	150
高山茶	132
香水	93/142
抗生物質	151
紅茶	132
交通事故	149
紅毛城(こうもうじょう)	145
高梁酒	132
コート	83/143
コーヒー	36/59/70/132
コーラ	36/69/133
氷	70/132
故宮博物院(こきゅうはくぶついん)	145
国籍	129
国立台湾歴史博物館	145
午後	26
ここが痛い	121
ここで写真を撮っても	109
ここで停めて	47
ここに行って	47
ここに座っても	15
胡麻	136
小銭	44/98
骨折	151
コップ1杯の水と一緒に	126
今年	32
子供1枚	107
子供服	81
子ども向け機内食	35
この薬	124/125
この住所	48/106
この席	34
ごはん	135
ごま油	136
ごめんなさい	18/114
これが入るように撮って	109
これより大きいもの	88/144
これより小さいもの	88/144
これより長いもの	88/144
これより短いもの	88/144
転びました	121
今月	32
コンサート	103
今週	32
コンセント	60
墾丁(こんてい)国家公園	145
こんにちは	18
今晩	75
こんばんは	18

【さ】

最上階	131
再入場しても	110
財布	92/117/141
在来線の駅	46
サウナ	52/56/131
魚	137
詐欺	149
先程	122
さくらんぼ	135
座席	16/37/128
砂糖	136

153

サトウキビジュース	69/133
寒い	37
寒気がする	150
寒すぎる	64
さようなら	18
皿	77
サラダ	74
触っても	97
サングラス	90/141
サンベイジー（鶏の醤油炒め煮）	72
試合	103
シーツ	58/60/131
シートベルト	38
ジーンズ	83/143
シェフ	77
塩	136
塩からい	76
塩漬けにした	138
歯科	150
仕事	39
時差	128
下	28
舌	126
師大（しだい）夜市	106
七分袖	85/144
試着室	84
試着してもいい?	15
指定席	110
芝居	103
ジム	56
シャカトウ	135
ジャケット	83/143
写真を撮って	11/15/109
ジャスミン茶	70/133
シャワー	61/130
シャンプー	58/61/95/142
集合時間	103
自由時間	103
住所を書いて	11
渋滞	48
臭豆腐（しゅうどうふ）	71/139
出国審査	129
出発	17/128
彰化（しょうか）	147
饒河（じょうが）夜市	100
精進物（しょうじんもの）	74
商店街	80/140
小児科	150
常備薬	43
消防隊	149
照明器具	60
正面席	110
ショーケース	84
紹興酒	69/133
醤油	135
醤油煮した卵	71
小琉球（しょうりゅうきゅう）	146
小籠包	59/67/71/138
食後に	125
食事代	103
食前に	126
食中毒	151
食欲がない	150
除光液	93
食器	81/140
しょっぱい	76
ショッピングモール	80/140
処方箋	151
書類鞄	117
士林（しりん）夜市	145
シルク	86/144
白	87/143
白ワイン	36

新幹線の駅	46
シングルルーム	50/130
信号	148
紳士靴	81
紳士服	81
診断書	123
新竹（しんちく）	147
新北（シンベイ）	147
酢	136
スイートオレンジジュース	69/133
スイカ	135
スイカジュース	69/133
水餃子	71/138
水曜日	31
数日前	122
スーツ	83/143
スーツケース	42/45/89/140
スーパーマーケット	80/140
蘇澳冷泉（すおうれいせん）	146
スカート	83/143
スカーフ	90/141
スクリーン	37
少し待って	11
スターフルーツ	135
頭痛薬	124
酸っぱい	136
スニーカー	89/141
スプーン	9/77/140
スプライト	133
スポーツウェア	81
すみません	18/37/152
税関	45/129
税関申告書	34/129
西子湾（せいしわん）	146
姓名	129
西門（せいもん）駅	105
西門町（せいもんちょう）	100/146
セーター	83/143
赤崁楼（せきかんろう）	145
咳が出る	151
席（せきもん）ダム	146
席を替える	37
石けん	58/61/95
背中	126/151
専業主婦	39
前菜	74
先週	32
仙草ゼリー	134
喘息	151
全体が入るように撮って	109
洗面台	61
総統府（そうとうふ）	145
ソーセージ	139
外	28
ソファー	60
ソフトクリーム	134
松山（ソンシャン）空港	105/106
【た】	
タートルネック	85/144
ターンテーブル	45/133
体温計	57
大丈夫	19
台中（タイジョン）	103/153
台東（たいとう）	153
台南（たいなん）	101/147
台北	46/105/147
台北101	145
台北101の展望台	102
台北二八和平公園	145
タイ料理（の店）	66
台湾おじぎり	139
台湾式ふわふわかき氷	134
台湾ソーセージ	139
台湾ドル	44

台湾ビール	69/133
台湾風揚げ物	139
台湾風チャーシュー	139
台湾風バーガー	73/139
タオル	58/61/95/142
タクシー乗り場	12/46/102/148
タクシーを呼んで	11/55
助けて!	114
棚	86
タバコ	15/43
タバコ臭い	64
タピオカココナッツ	134
タピオカ風デザート	134
タピオカミルクティー	8/69/133
ダブルルーム	50/130
食べ放題の店	67
玉ねぎ	137
誰か	114
太魯閣峡谷（たろこきょうこく）	146
淡水（たんすい）	100/145
タンピン（台湾風卵焼き）	73/139
タンメン	72/138
小さい	13/88/144
チェックアウト	8/54/130
チェックイン	10/54/130
チェックインカウンター	45/129
遅延	129
地下鉄の駅	148
チキンカツ	8/71/139
地図	13/55
ちまき	73/139
知本（ちもと）温泉	146
チャージする	105
チャーハン	72/138
着陸	128
忠孝復興（ちゅうこうふっこう）駅	106
注文したもの	78
中正記念堂	145
中正（ちゅうせい）公園	146
忠烈祠（ちゅうれつし）	146
朝食	51/59/67
チョコレート	134
ツインルーム	50/130
通路側の席	38/128
通路の横の席	110
着く	17
強い薬	123/125
爪	126
低血圧	150
定刻	128
ティッシュ	95/142
テーブル	38/60
テーブルクロス	91
迪化街（てきかがい）	145
出口	16/34/148
デザート	74/134
手帳	91
手伝って	47
鉄板で焼く	138
鉄板焼き（の店）	66
デパート	80/140
手袋	90/141
テレビ	60/63/131
電車	60/64
（電車·地下鉄の）駅	148
電池	95/142
電話	63/119
トイレットペーパー	58
どういたしまして	19
桃園（とうえん）	46/147
唐辛子	136
当日券	110
搭乗口	129
搭乗券	129

どうぞ	19
到着	128
凍頂烏龍茶	133
盗難	120/149
豆乳	59
豆腐プリン	134
糖尿病	151
豆板醤	136
東方美人茶	132
通り	148
特別ム	35
どこで解散	103
隣り合わせ	110
隣の部屋がうるさい	64
どのくらい待ちますか	75
トマト	137
トマトジュース	36
土曜日	31
ドライフルーツ	82
ドライヤー	57
トランク	47
ドリアン	135
鶏肉	35/137
トリプルルーム	50/130
ドリンクメニュー	68
トレーニングジム	52/131
泥棒!	114
【な】	
内科	150
ナイフ	28
中	28
長袖	85/144
中庭	130
なす	137
夏	26
ナプキン	77/95
南投（なんとう）	147
苦い	136
肉入り台湾もち	71
肉入り餅	139
肉まん	139
煮込む	74/138
日月潭（にちげつたん）	100/146
日曜日	31
日本円	44
日本交流協会	118/119/149
日本語が話せる医者	123
日本語が話せる人	62
日本語がわかる人	115
日本語の音声ガイド	108
日本語のパンフレット	108
日本語のメニュー	68
日本酒	43
日本の雑誌	34/128
日本の新聞	34/128
日本へ電話	10
日本料理の店	67
荷物入れ	37
荷物受取所	129
荷物サービス	41
荷物棚	38
荷物を持って入っても	107
入院	150
乳液	93/142
入国審査	45/129
入場料	103
にら	137
二塁	137
にんじん	137
妊娠中	137
にんにく	137
ヌガー	82
布製の	42
ねぎ	137

ネギ焼きパン	73
ネクタイ	90/141
ネクタイピン	92
熱がある	123/151
ネックレス	92/142
値札をとって	96
寝る前に	125
捻挫	151
ノースリーブ	85/144
喉	126/150
飲み物	37/74/75
乗り換え	105
乗り継ぎ	45/129
乗り物の酔い止め	124

【は】

歯	122/126/151
バー	52/56/131
ハードケース	42
はい	19
はい、その通りです	19
灰皿	132
歯医者	150
入っても	15/107
ハイヒール	89
パイナップル	135
パイナップルケーキ	82/134
パウダー	93
吐き気	123/150
白菜	137
白菜の漬物と豚バラ肉の鍋	72/139
パクチー	137
箱に入れて	96
箸	77/146
始まる	17
バスケットの試合	103
バスタブ	61
バス付きの部屋	50
バス停	12/148
バス乗り場	46
パスポート	45/117/129
バスルーム	130
パソコン	140
バター	136
はちみつ	136
バッグ	81/89/91/117/140
パッションフルーツ	135
鼻	126
バナナ	135
鼻水が出る	151
パパイヤ	135
歯ブラシ	61/95/142
歯磨き粉	61/95/142
早い	27
腹	126
春	26
ハワードホテル	40
ハンガー	84
ハンカチ	90/141
半袖	85/144
パンツ	83/143
ハンドバッグ	89/140
ピアス	92/142
ヒーター	60
ビーフンのスープ	72/138
ビール	36/69/82/133
飛行時間	128
ビジネス（クラスのチケット）	104
美術館	97
非常口	34/128
左	28
ビデオに撮っても	109
ビニール袋	96
日焼け止めクリーム	93/142
病院	106/118/121/149

美容室	56
廟口（びょうこう）夜市	145
苗栗（びょうりつ）	147
昼	26
広場	148
ピンク	87/143
便せん	94
便の変更	129
便名	129
ファックスを送る	54
ファンデーション	93/142
プーアル茶	133
ブーツ	89/141
封筒	94
プール	52/56/131
フォーク	77
副作用	125
婦人科	150
婦人靴	81
婦人服売り場	81
豚肉	35/137
豚肉入りもち米飯	139
ぶどう	135
船	148
冬	26
ブラインド	38
フラッシュを使っても	109
プリン	134
フルーツティー	69/133
フロント	53/130
文湖線（ぶんこせん）	105
紛失	149
紛失手荷物の窓口	41
紛失物の届け出	120
噴水	148
ヘアドライヤー	61
平溪（へいけい）	100/146
屏東（へいとう）	147
ページ	87/143
ベジタリアン（の店）	66
ベッド	60/131
ヘッドフォン	37
別々に支払い	78
別々に包んで	96
部屋に付けて	55
部屋を替える	54
ベルト	141
ベルボーイ	53
ペンダント	92
澎湖（ほうこ）	147
逢甲（ほうこう）夜市	145
帽子	90/141
ほうれん草	137
ボールペン	94
北投（ほくとう）	105
北投（ほくとう）温泉博物館	145
保険	121/149
保湿クリーム	93/142
干し豆腐	137
ポストカード	94/142
ボディーソープ	61
ホテル	40/106/118/130
ホテルまで迎えに来て	103
歩道	148

【ま】

麻婆豆腐	72/139
前	28
猫空（マオコン）	100/105/146
猫空（マオコン）ロープウェイ	146
マグカップ	91/140
枕	34/60/131
まぜそば	72/138
待ち合わせ	17

町が見える部屋	50
マッサージルーム	52
窓側の席	38/128
マニキュア	93
マフラー	90/141
マヨネーズ	13/136
丸首	85/144
マンゴー	135
マンゴーアイス	134
マンゴージュース	133
マンゴービール	82
右	28
水	9/132
水玉模様	144
道	116
道を教えて	13
緑	87/143
ミネラルウォーター	36/132
身の回りのもの	43
耳	126
虫よけ	124
蒸す	74/138
無料	14/108
目	126
メイク落とし	93/142
目薬	151
目覚まし時計	60/63
メニュー	9/68/77/132
めまい	123/150
綿	86/144
免税店	80/140
もう1泊する	54
もう1枚お願い	77
もうひとつ袋を	96
毛布	34/37/58/60/128
目的地	128
木曜日	31
持ち込み禁止品	129
もっとゆっくり	47
最寄りの	25

【や】

焼き餃子	71/138
焼きビーフン	72/138
野球の試合	103
焼く	74
ヤクルト	133
ヤクルト緑茶	69
安い	50/97/110
やめてください!	114
野柳（やりゅう）	105
阿原石鹸（ユアンソープ）	82
夕方	26
友人に会う	39
友人の家	40
郵便局	12
有料	108
床	61
雪	126
指輪	92/142
湯沸かしポット	57
夜市	80/140
ヨーグルト	134
陽明山（ようめいざん）	100/146
浴室	61
汚れて	64
予定より早く発つ	53
予約	10/54/75/130
予約の取り消し	10
夜	26

【ら】

来週	32
ライス	72
ライチ	135

来年	32
リボンをかけて	96
リモコン	37
留学	39
龍山寺（りゅうざんじ）	145
リュック	89/141
量	78
両替所	44/45
料金	58
領収書	9/44/55/98
緑茶	133
旅行会社	118/149
離陸	128
リンス	58/61/95/142
ルーローハン（煮込み豚肉がけ飯）	139
レジ（キャッシャー）	53/84
レストラン	52/56/66/67
レモン	135
六合（ろくごう）夜市	145
路線図	9
ロッカー	108
ロビー	53/130

【わ】

ワイシャツ	83/143
ワイン	36
わかめ	73
わかりません	18
わさび	136
和食	75
私の座席	16
ワンピース	83/143

【数字・アルファベット】

1月1日	29
1階	131
1ヶ月	32
1時間半	27
1週間	27/39
1日	27
1日3回飲んで	125
1年	27
1分	27
2階	131
2週間	39
2泊したい	62
2名です	77
3階	131
3日間	39
3日間周遊券	104
4人乗れますか	48
Lサイズ	88
Mサイズ	88
MRTのサイズ	12/46/116/148
Sサイズ	88
Tシャツ	85
Vネックの服	85/144

155

● 監修者紹介

新台湾文化学院
西新宿にある台湾華語と中国語の語学学校。台湾華語の指導に力を入れているのが特徴。初級者から上級者まで、男女問わず、幅広い年齢層の生徒がレッスンを受講。ブログやFacebook で、台湾旅行や台湾文化に関する情報を積極的に発信。

● 著者紹介

潘凱翔
台湾台北市出身。大学時代は上海大学に 4 年間留学し、卒業。2008 年に来日。都内の台湾華語教室と中国語教室で常勤講師として数年間勤務した後、現在は 3Q 台湾華語学院の学院長を務めている。著書には『日常台湾華語会話ネイティブ表現』『1 か月で復習する台湾華語基本の 500 単語』（以上、語研）などがある。

カバーデザイン	滝デザイン事務所
カバーイラスト	福田哲史
本文デザイン／DTP	秀文社
本文イラスト	田中斉
本文写真提供	台湾観光局
音声録音・編集	一般財団法人　英語教育協議会（ELEC）
CD 制作	高速録音株式会社

単語でカンタン！旅行台湾語会話

平成 28 年（2016 年）7 月 10 日　　初版第 1 刷発行
令和 6 年（2024 年）6 月 10 日　　　第 3 刷発行

監　修	新台湾文化学院
著　者	潘凱翔
発行人	福田富与
発行所	有限会社 J リサーチ出版
	〒166-0002 東京都杉並区高円寺北 2-29-14-705
	電　話　03(6808)8801(代)　FAX 03(5364)5310
	編集部　03(6808)8806
	https://www.jresearch.co.jp
印刷所	株式会社 シナノ パブリッシング プレス

ISBN978-4-86392-299-0　禁無断転載。なお、乱丁・落丁はお取り替えいたします。
© 2016 Pan Kai Xiang, All rights reserved.